This Book Belongs To...

____

____

____

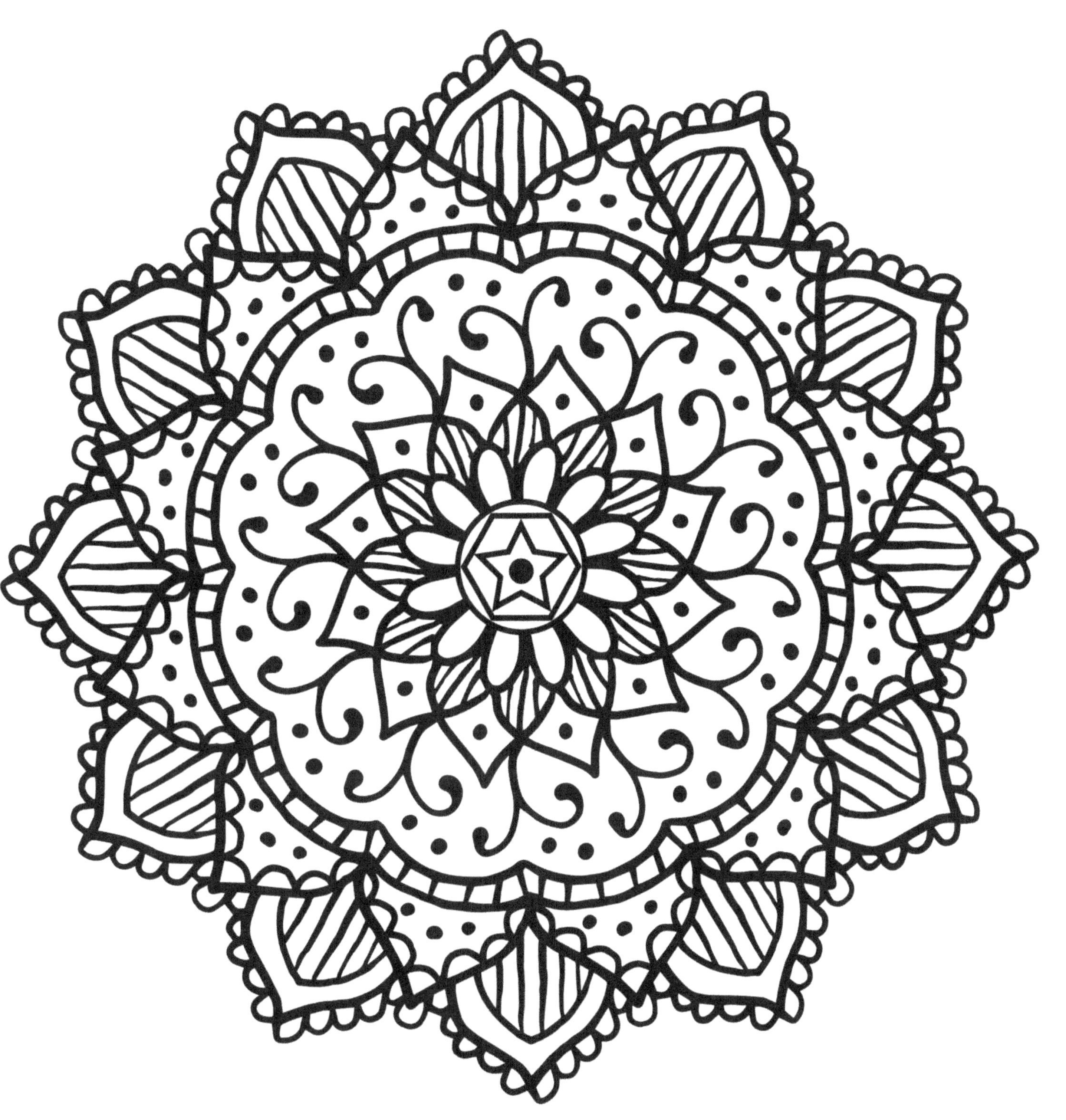

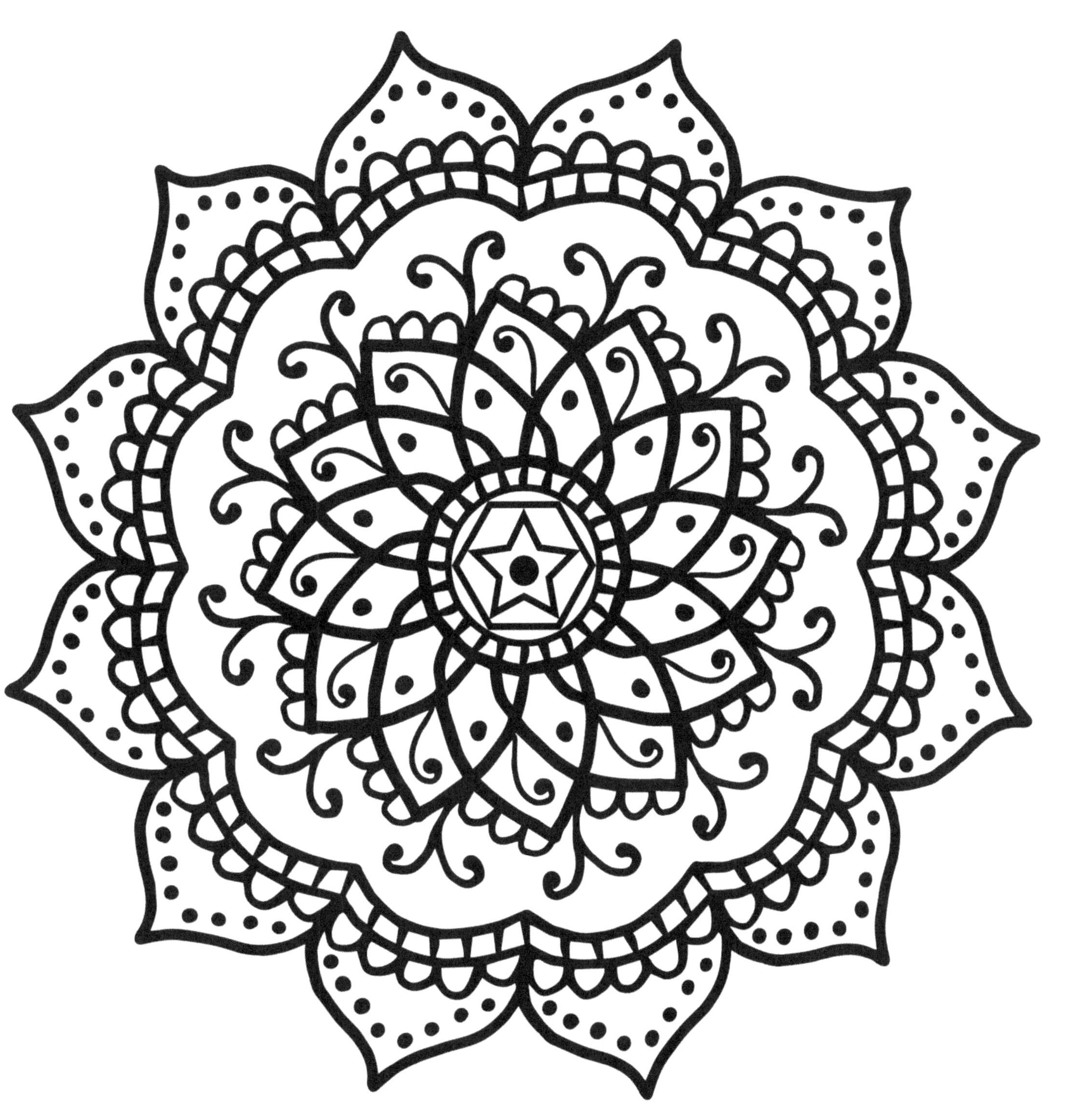

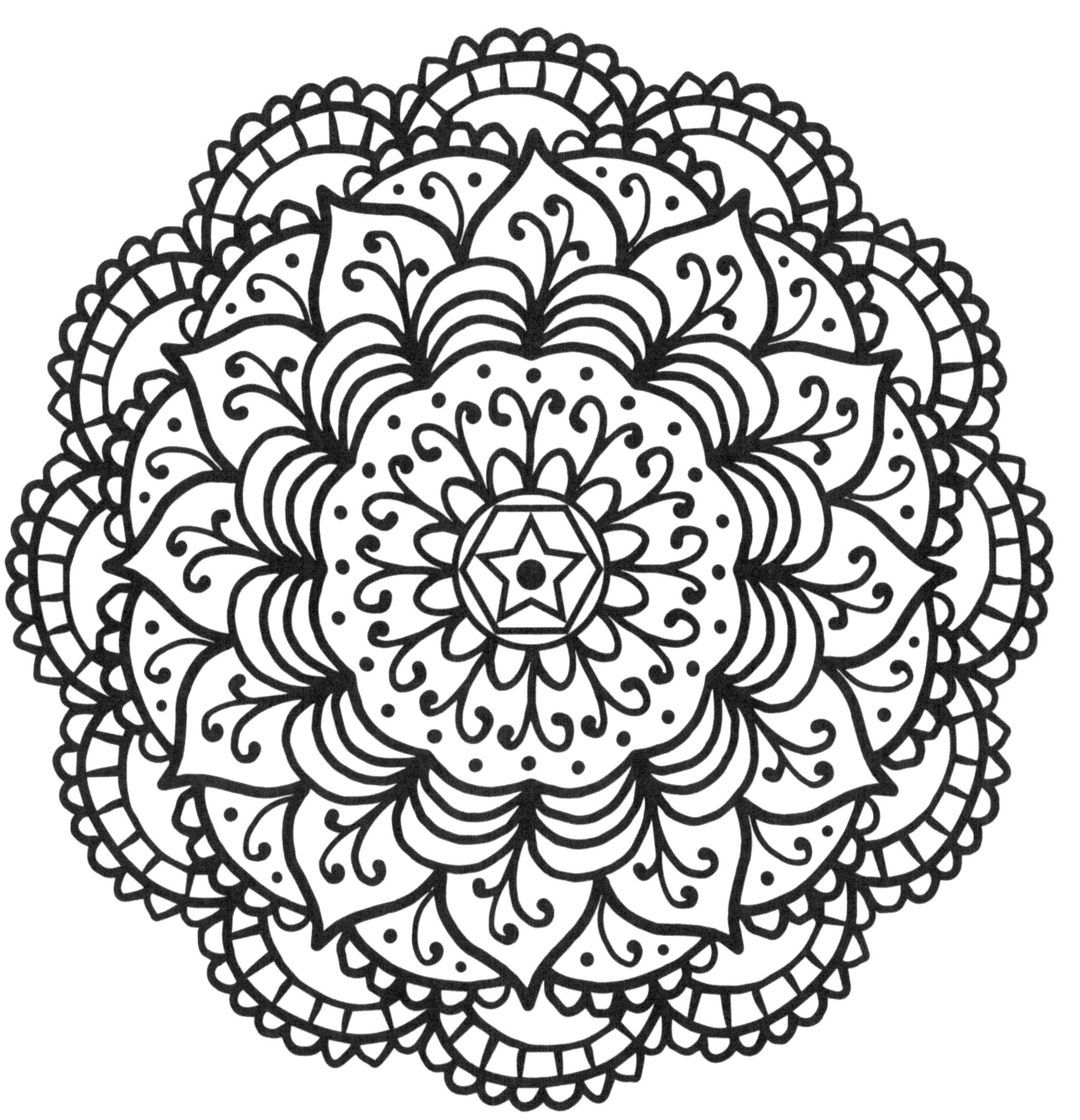

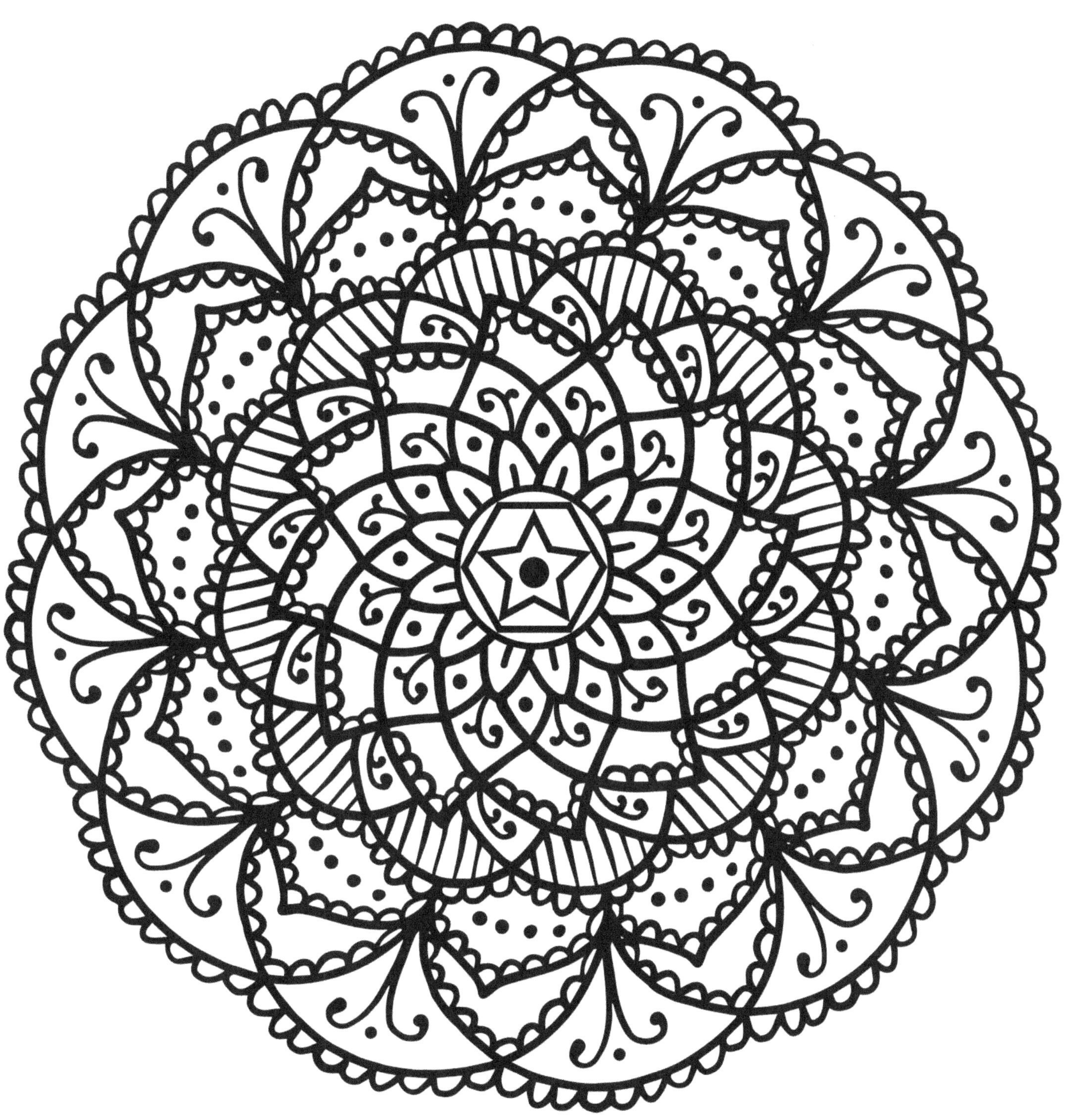

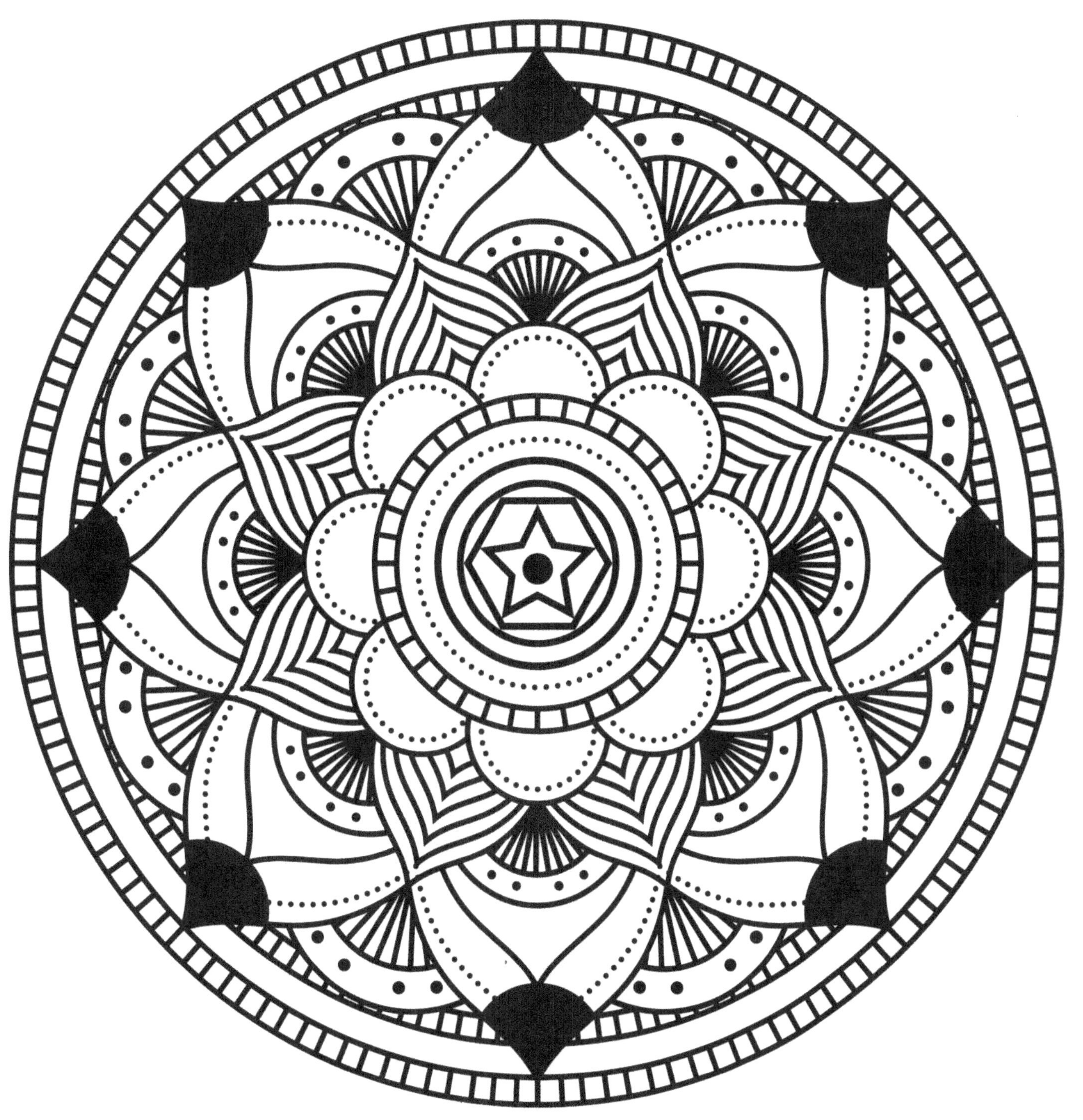

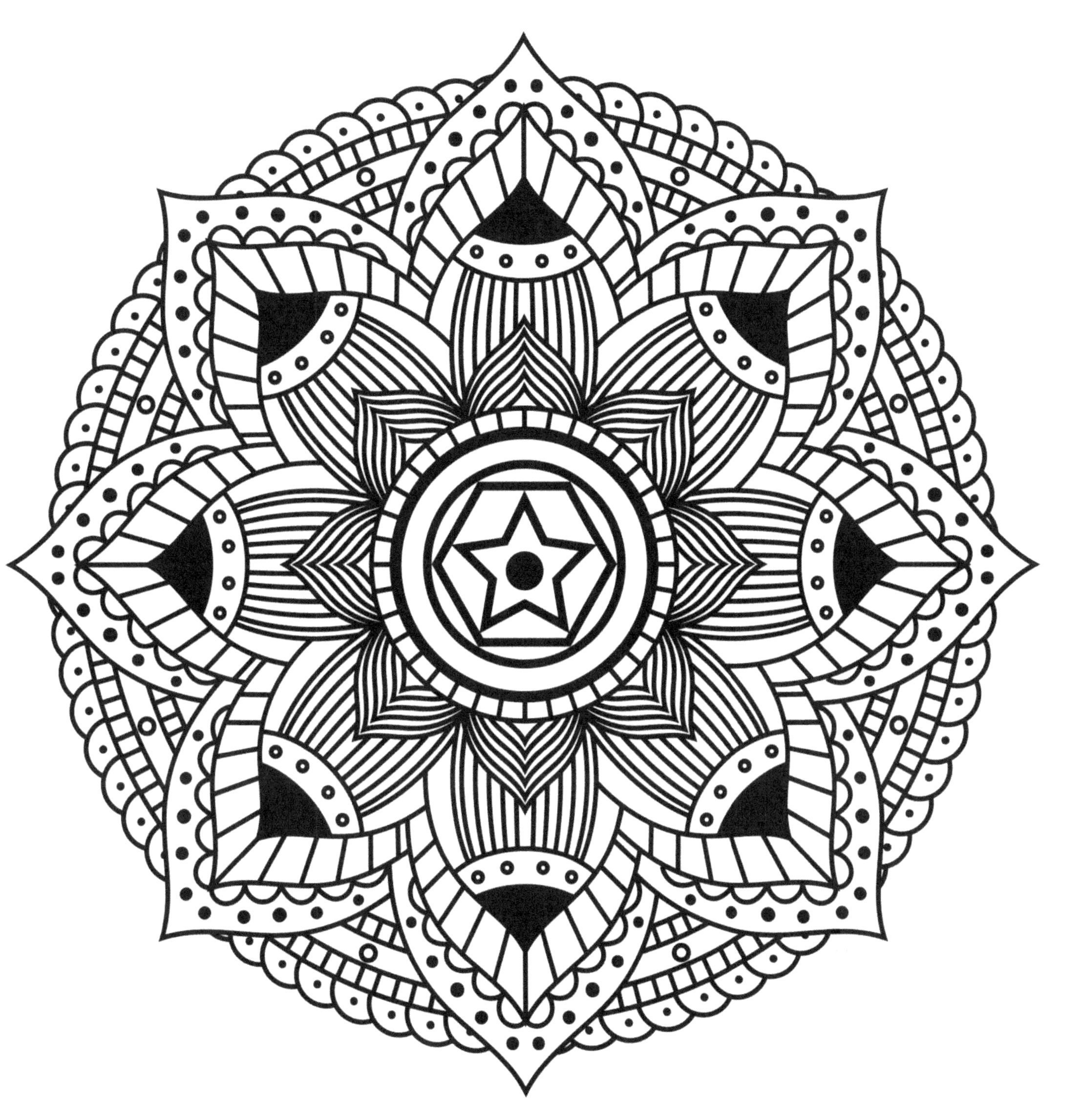

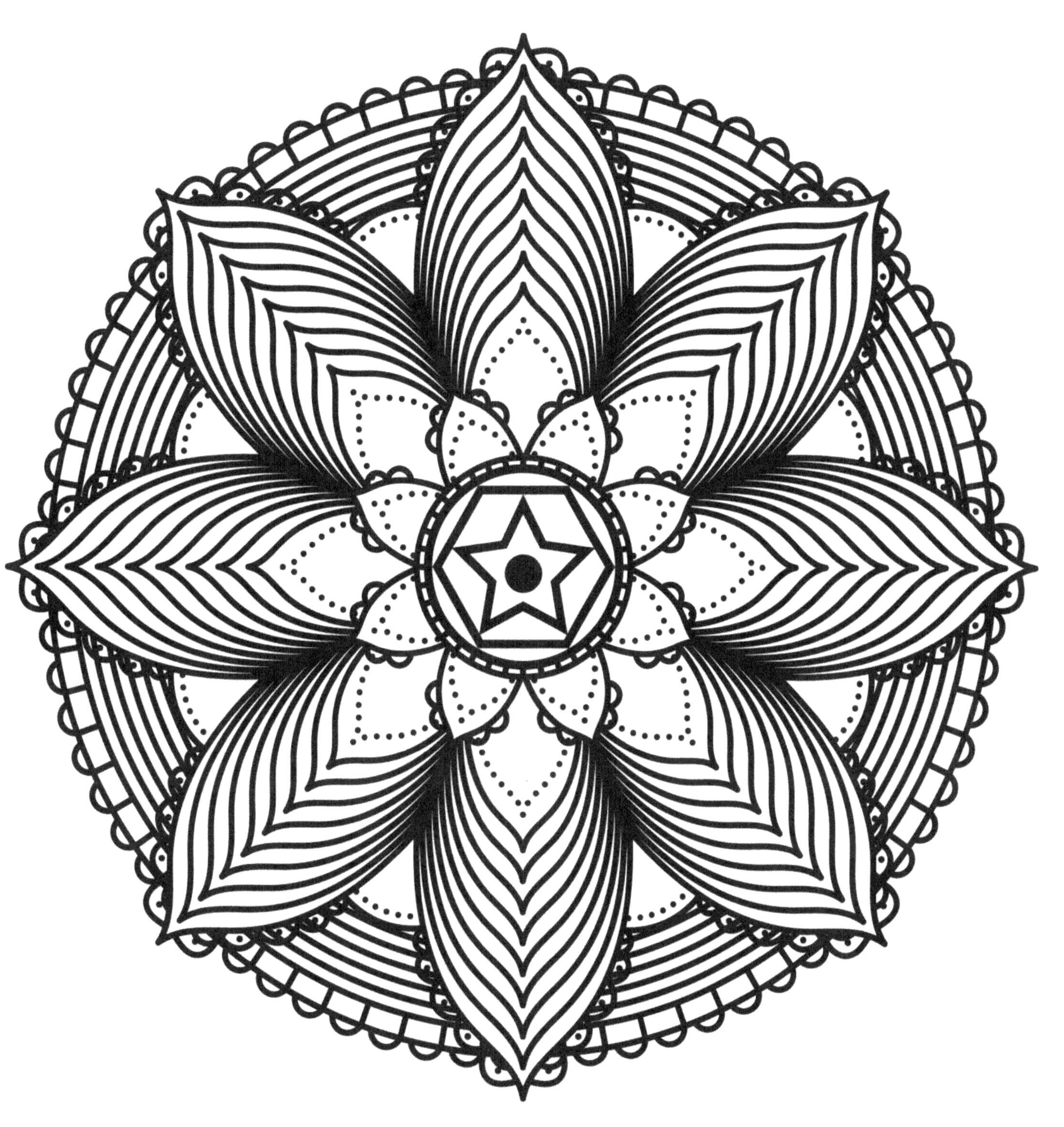

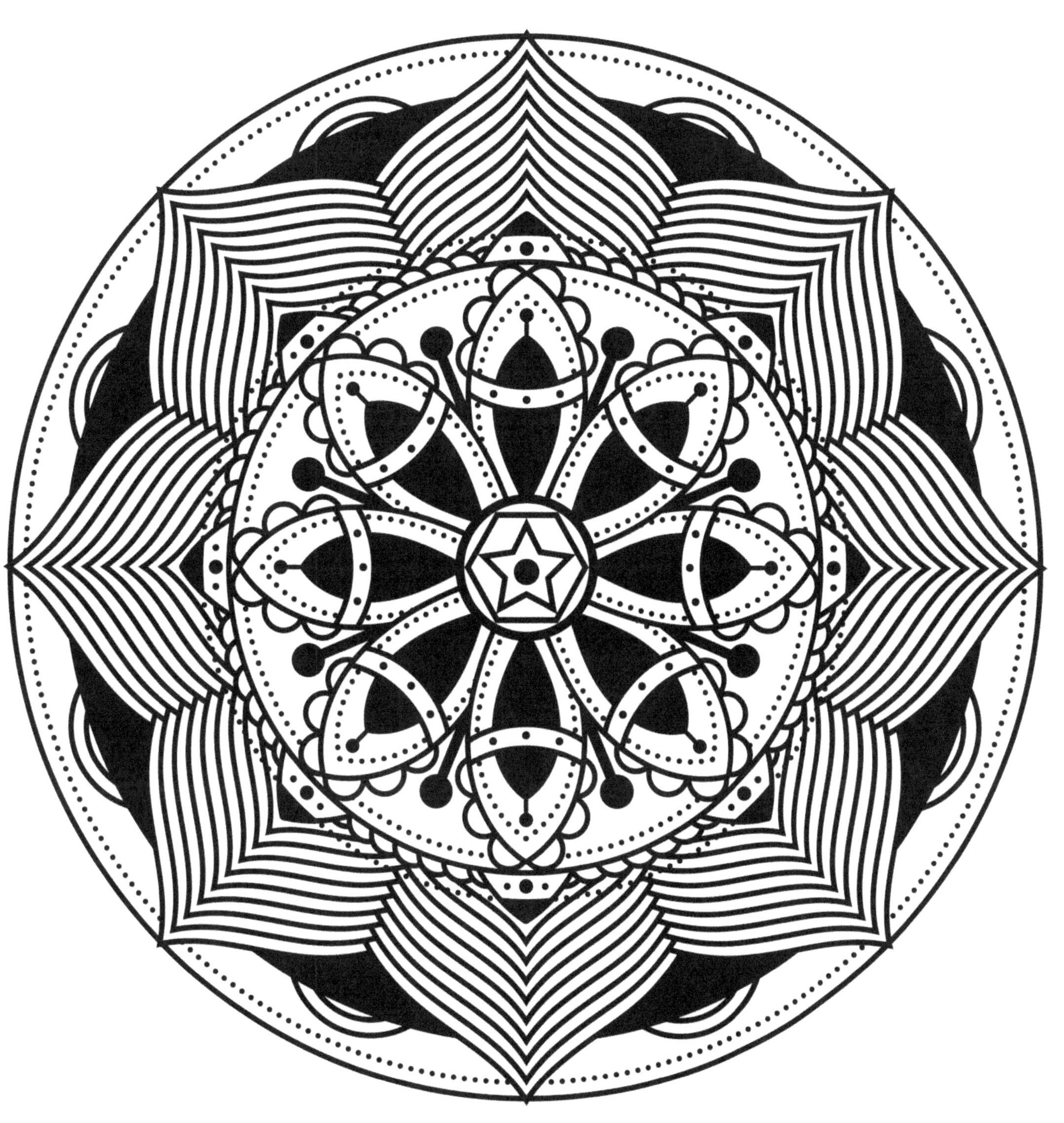

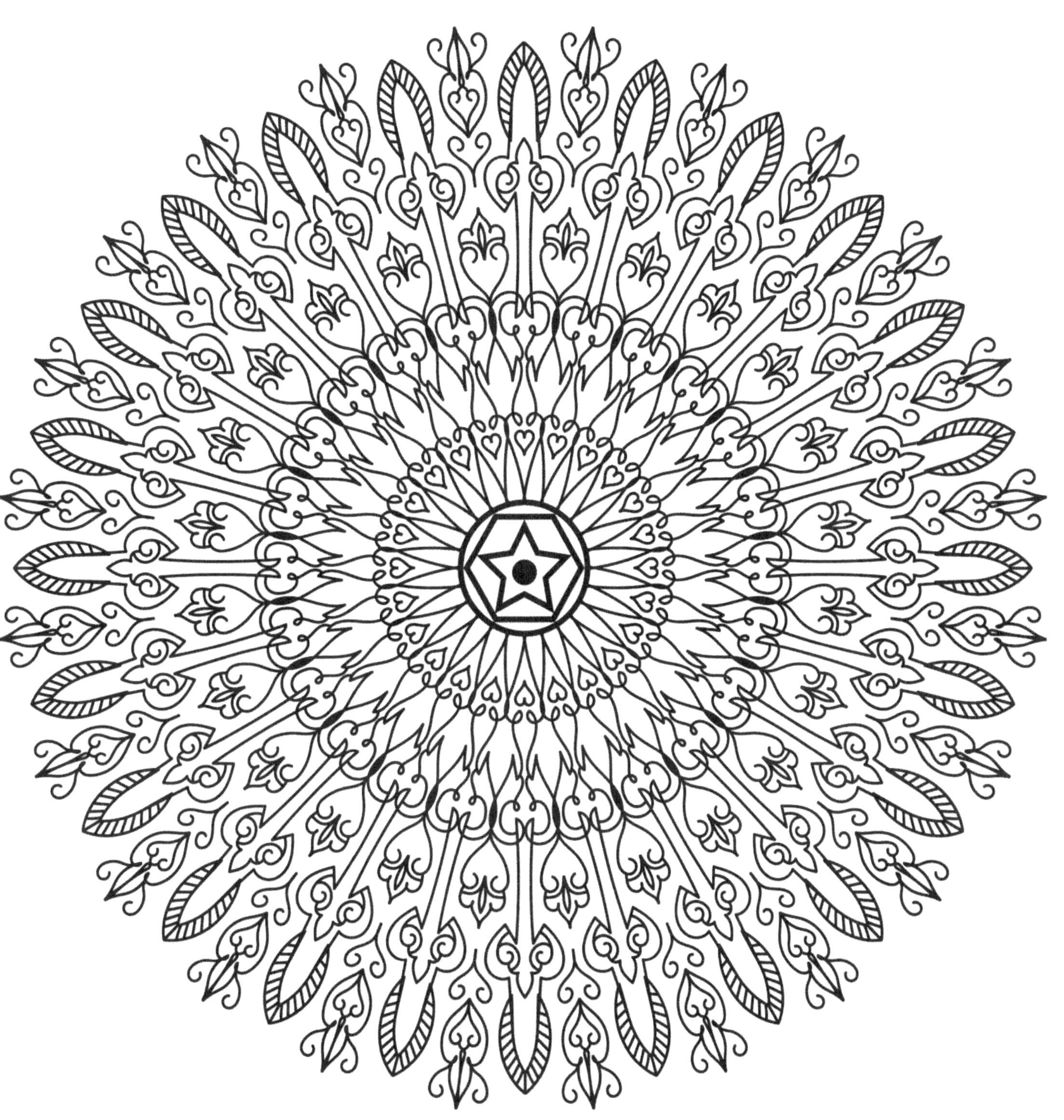

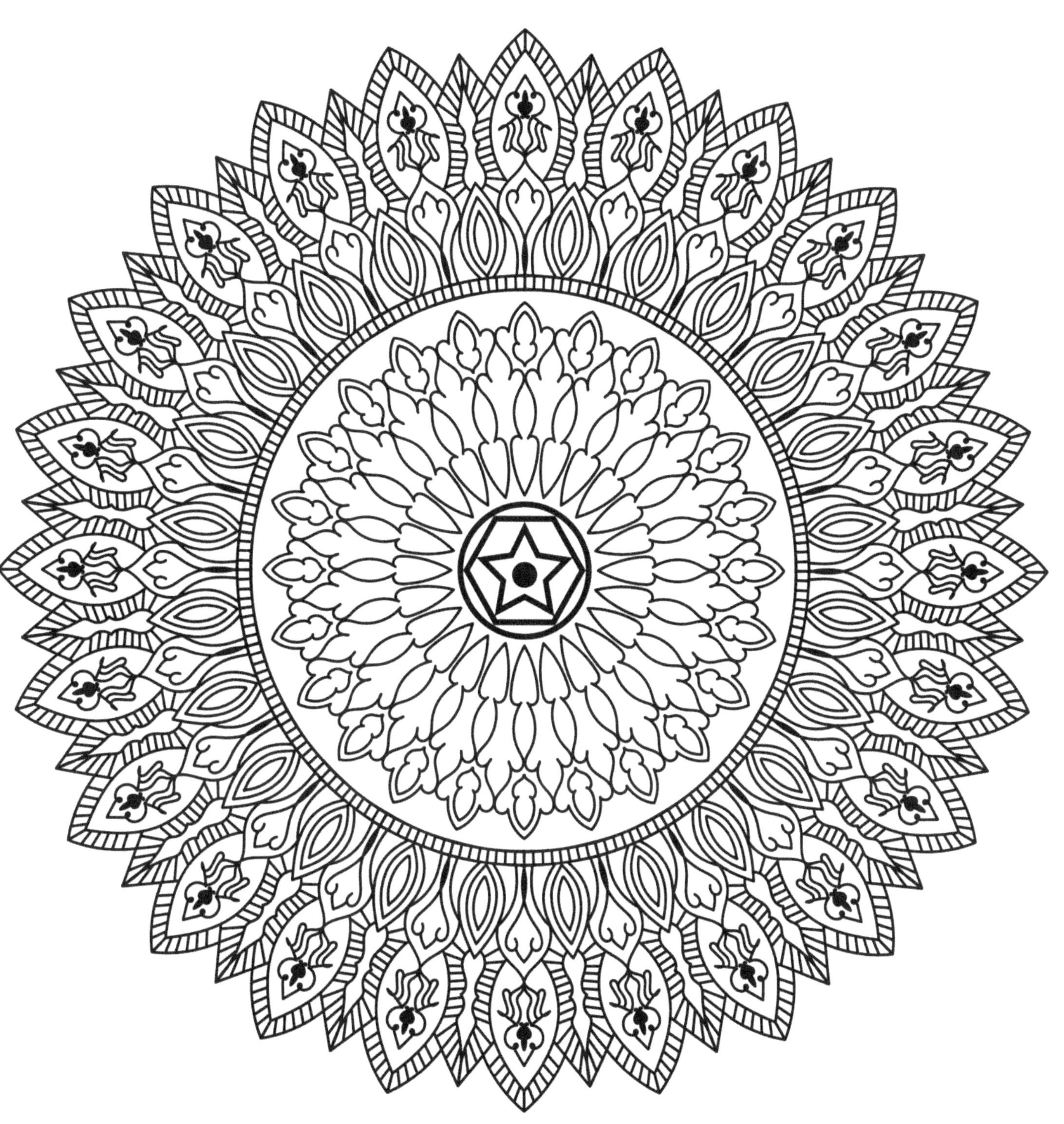

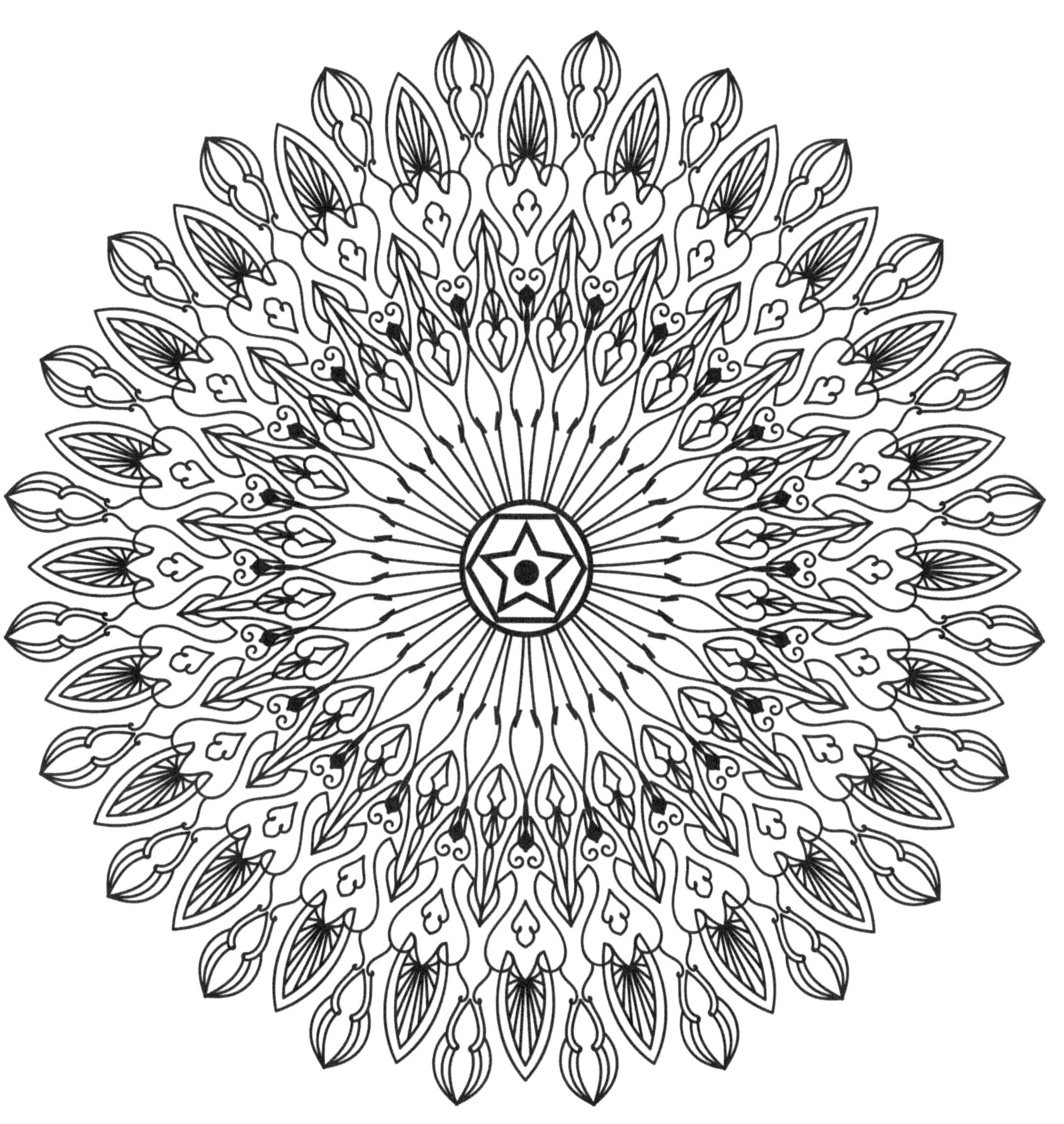

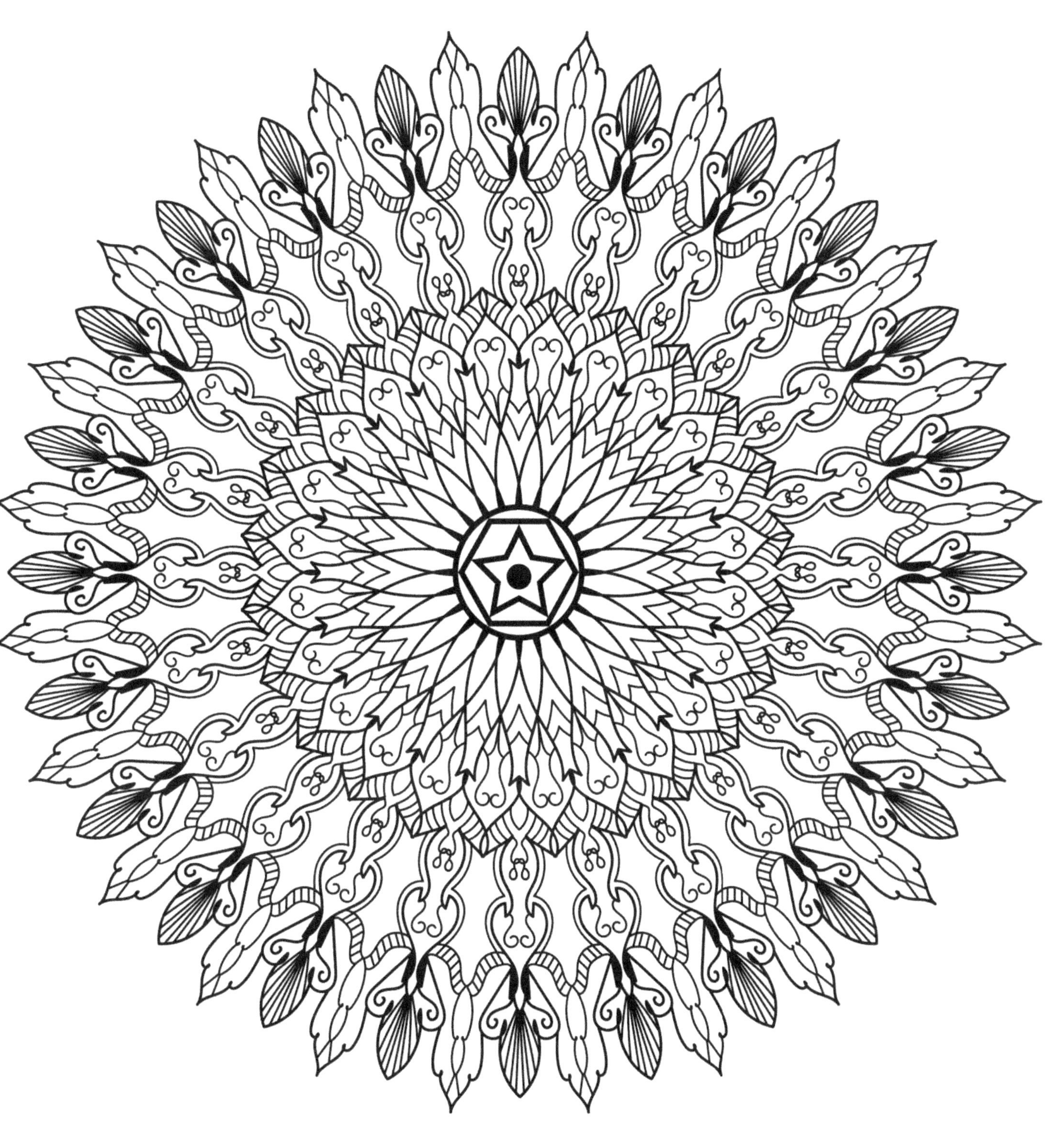

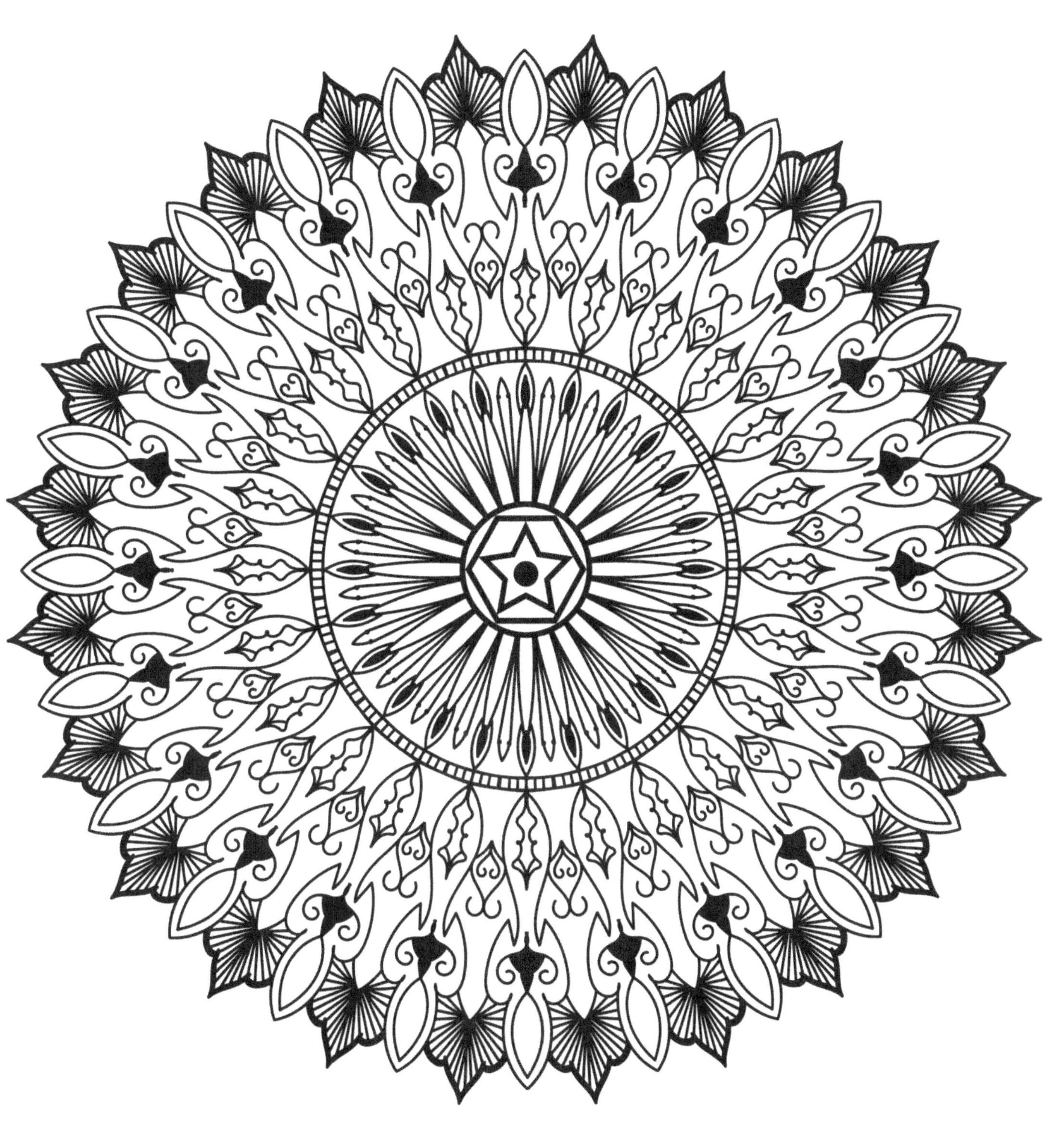

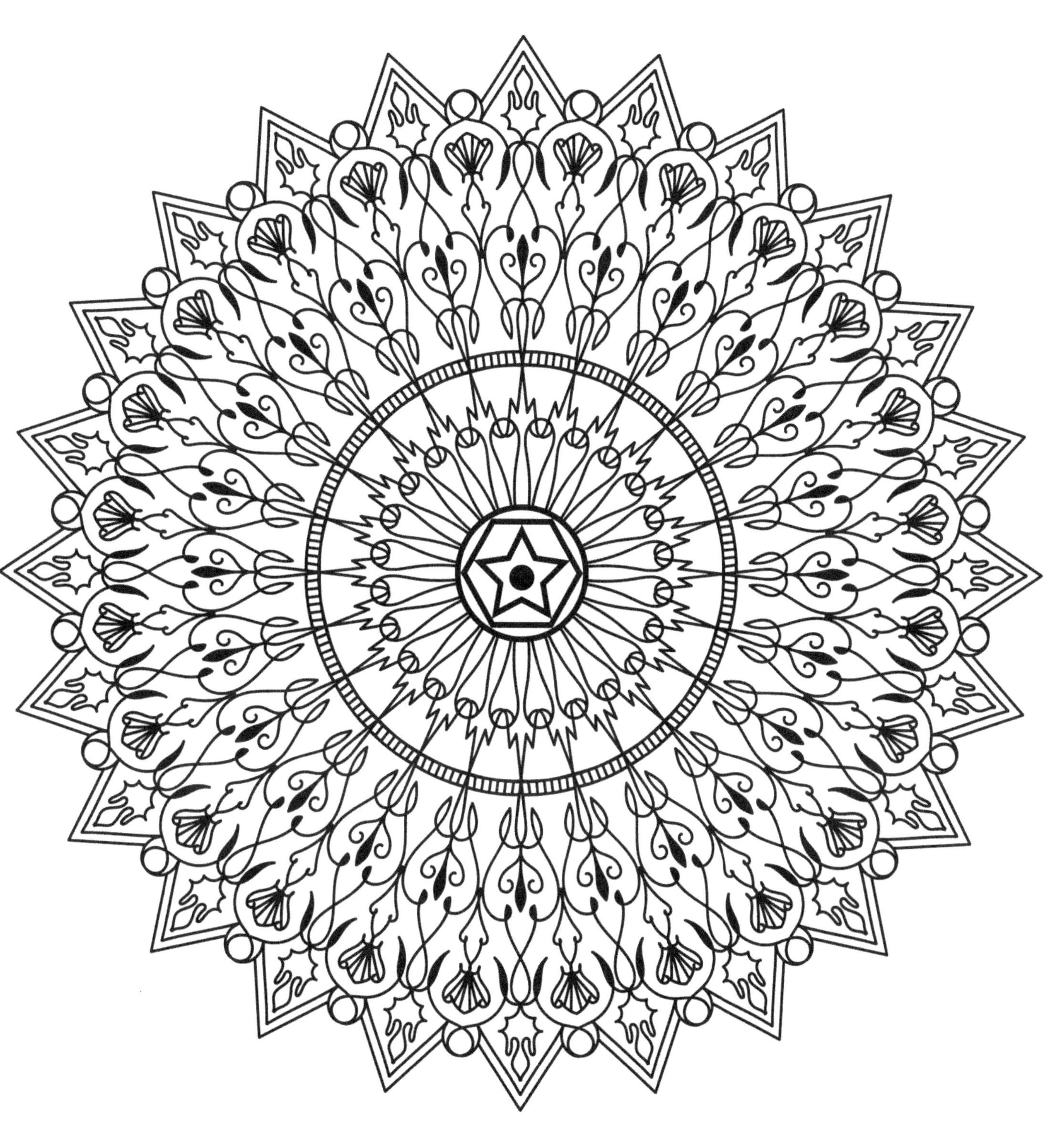

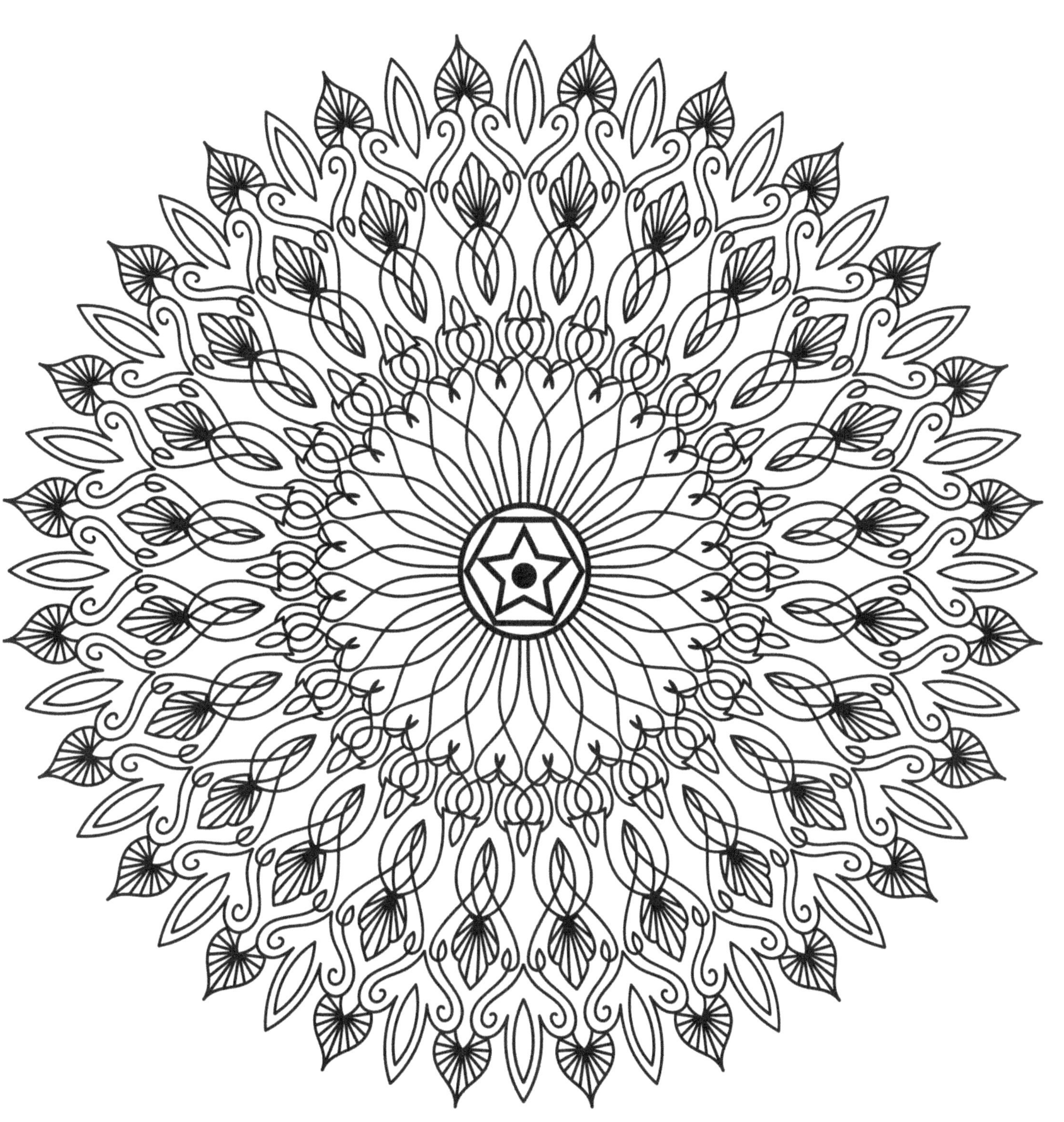

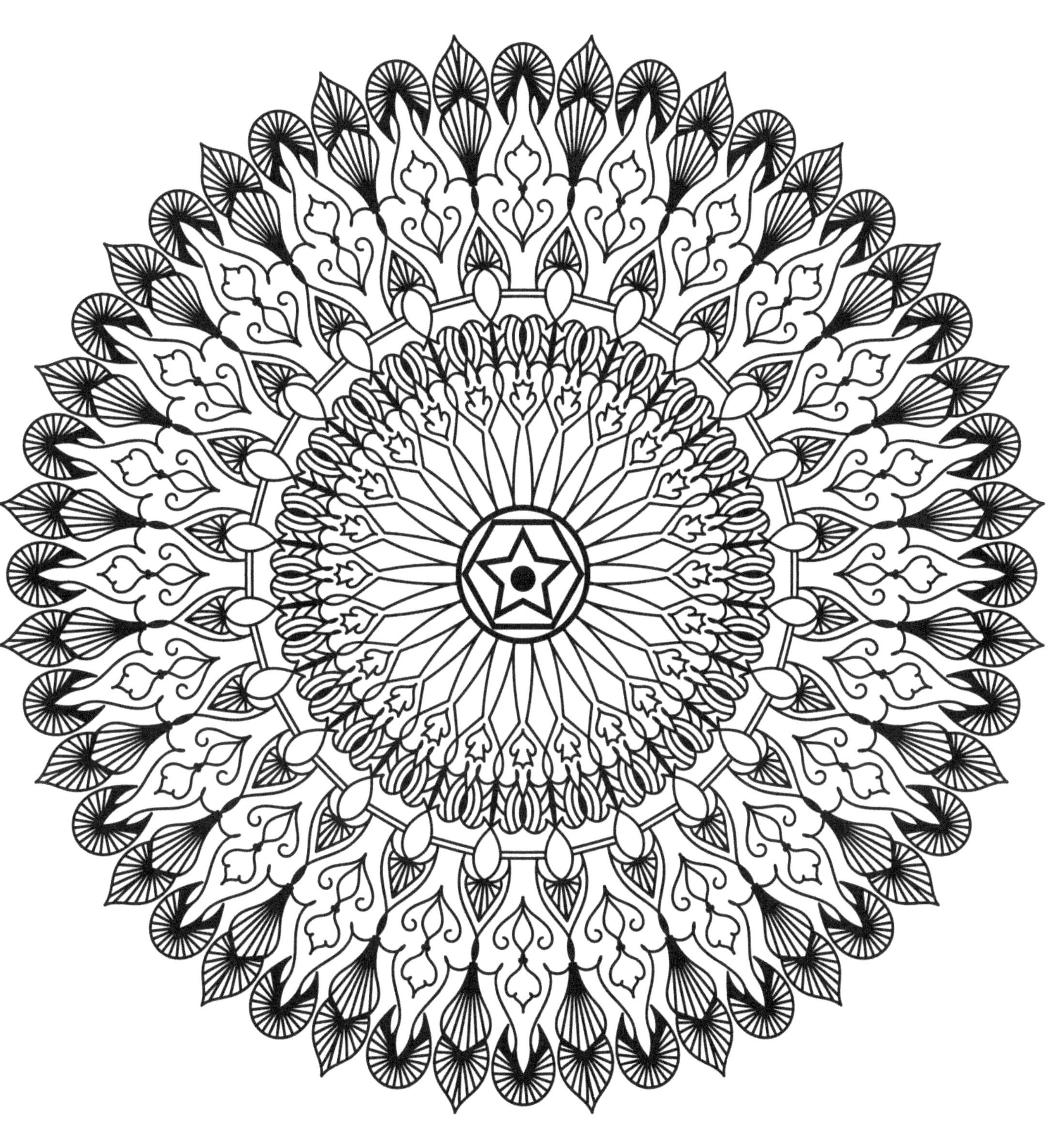

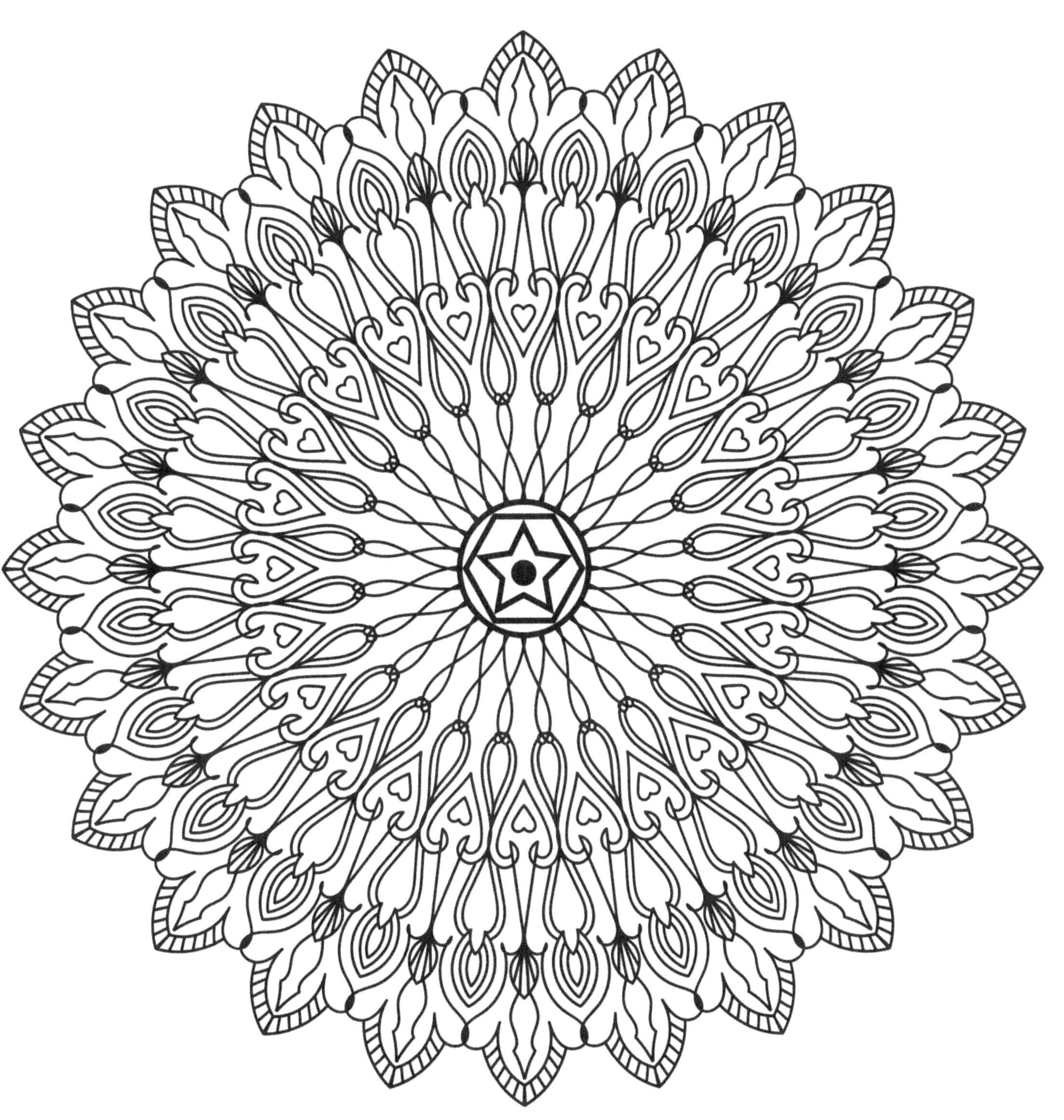

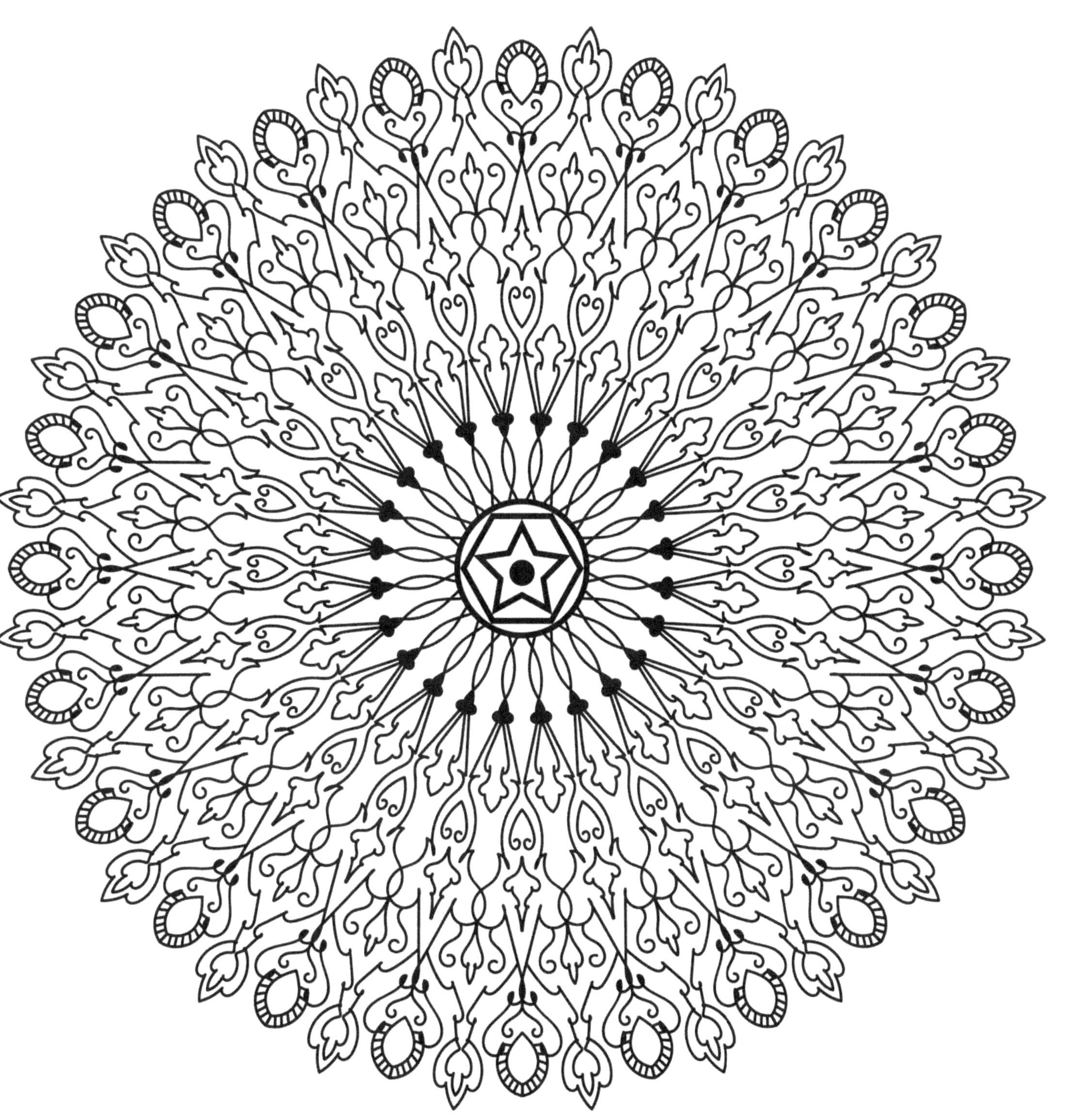

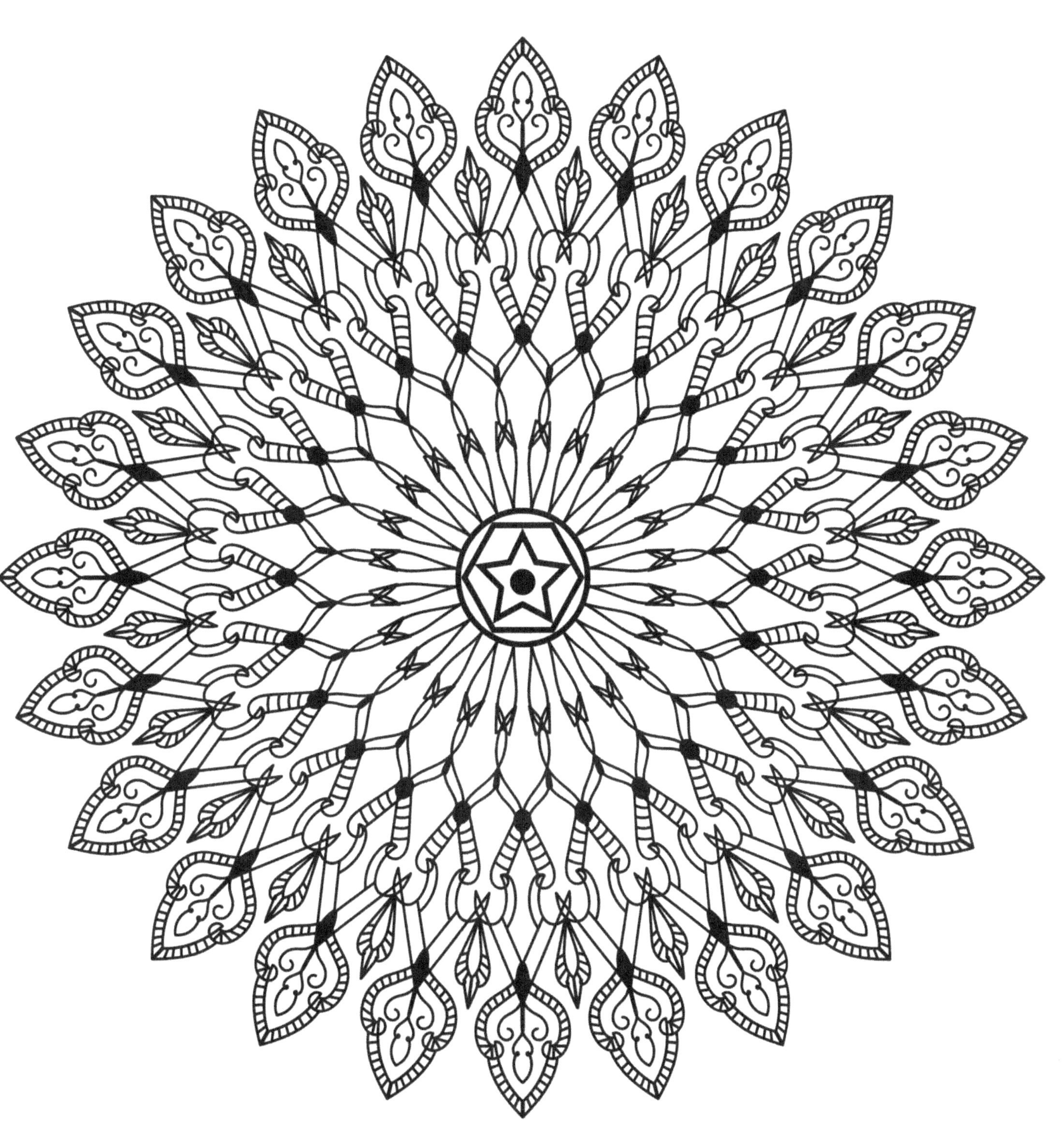

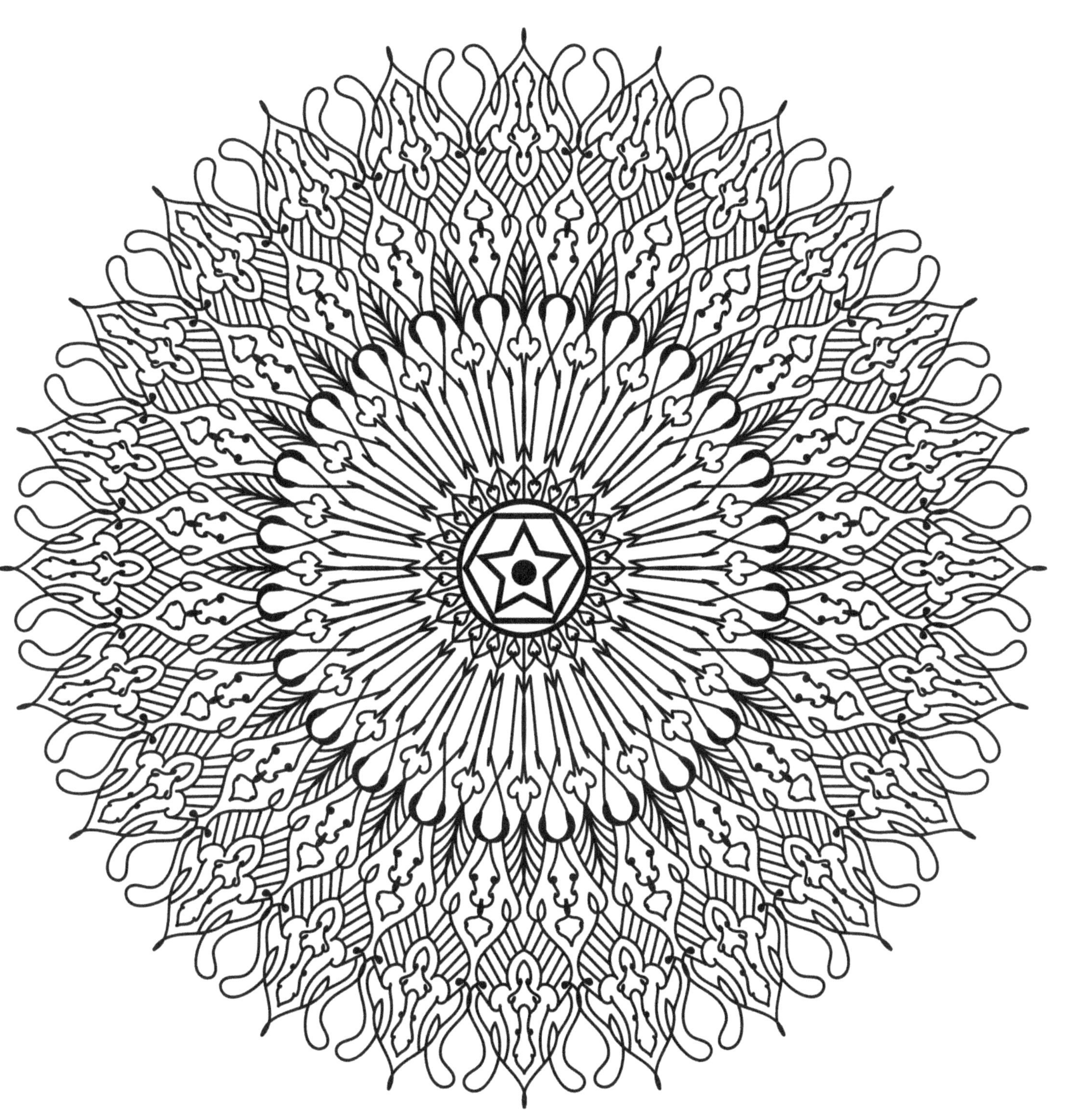

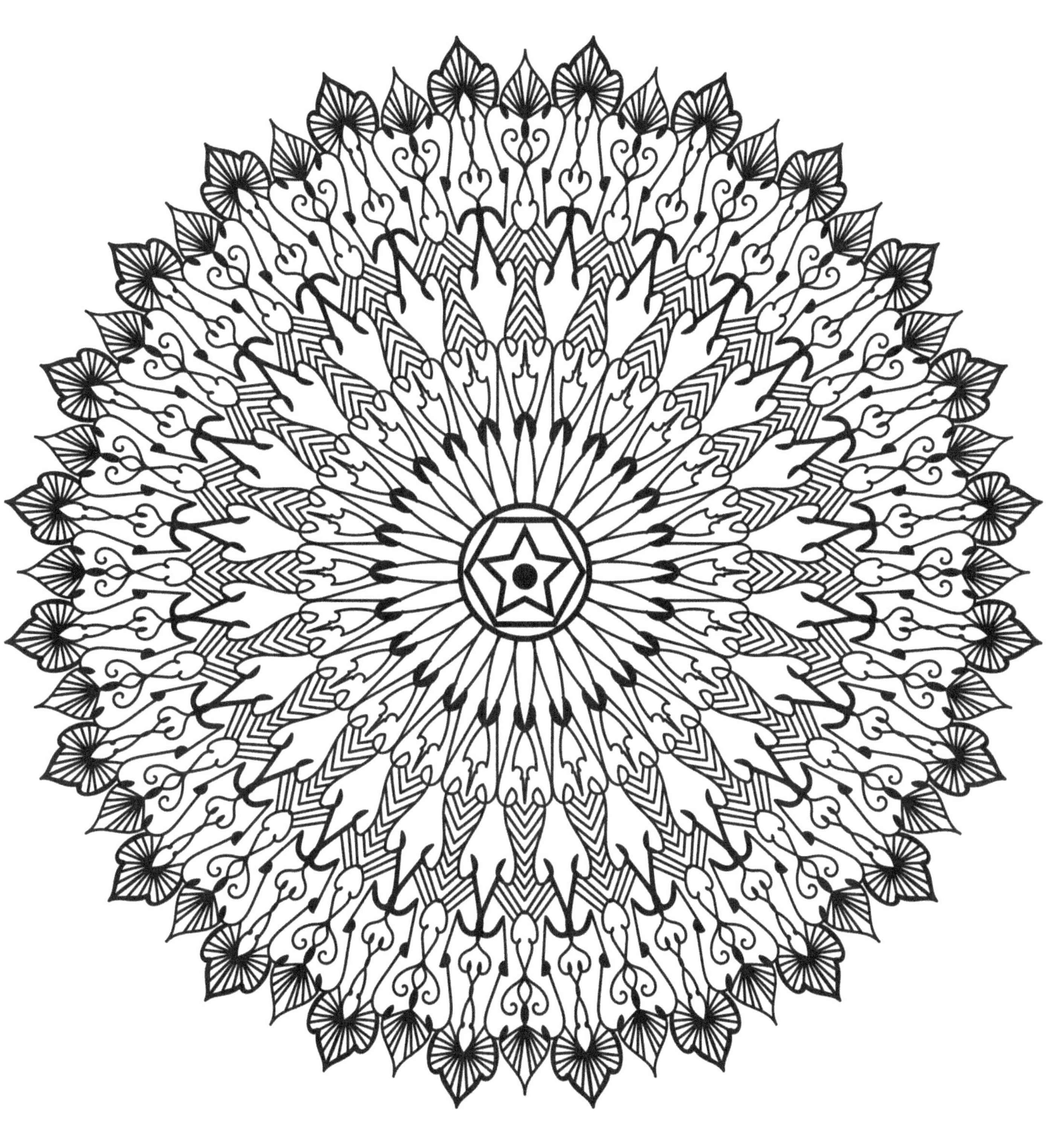

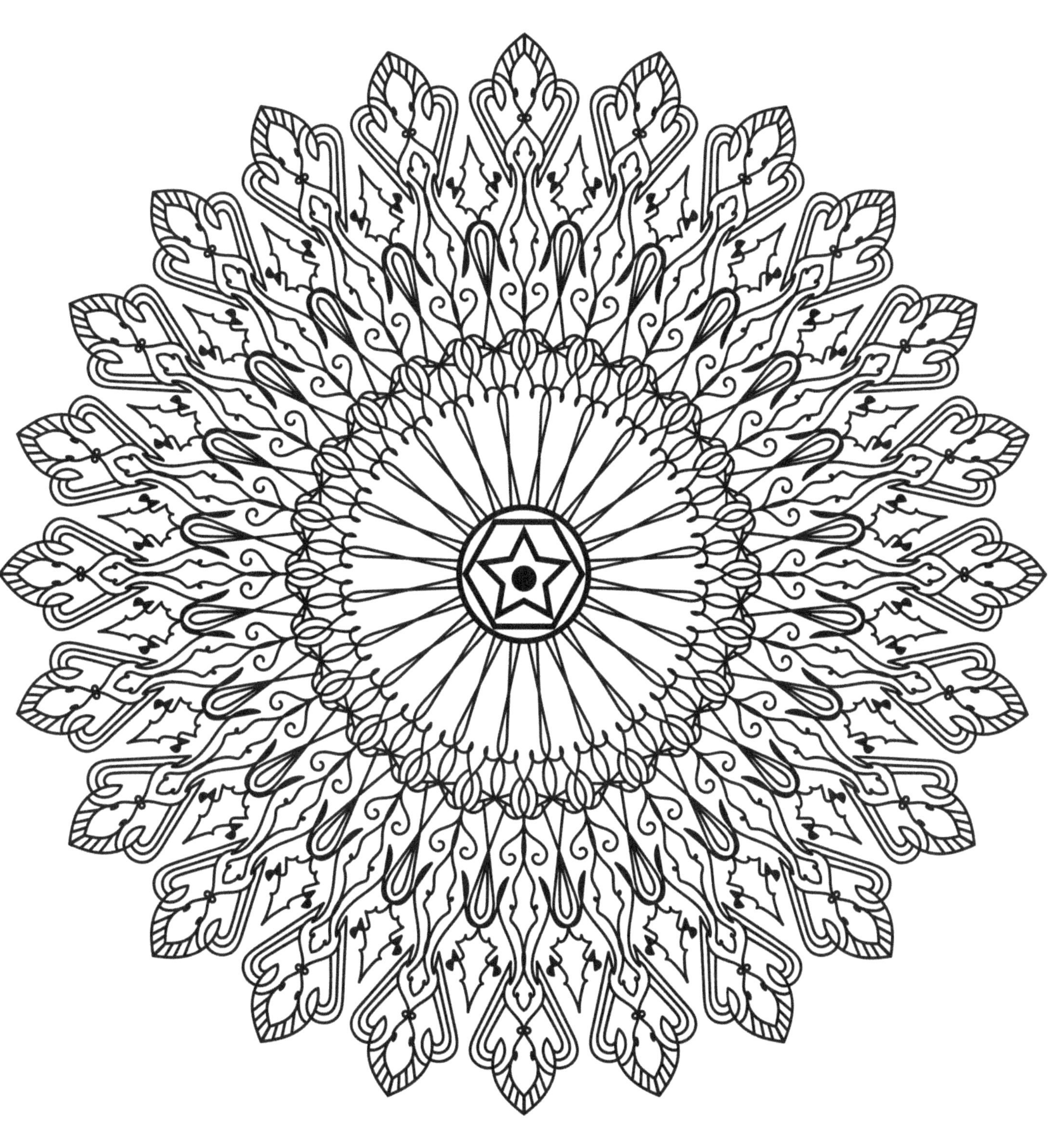

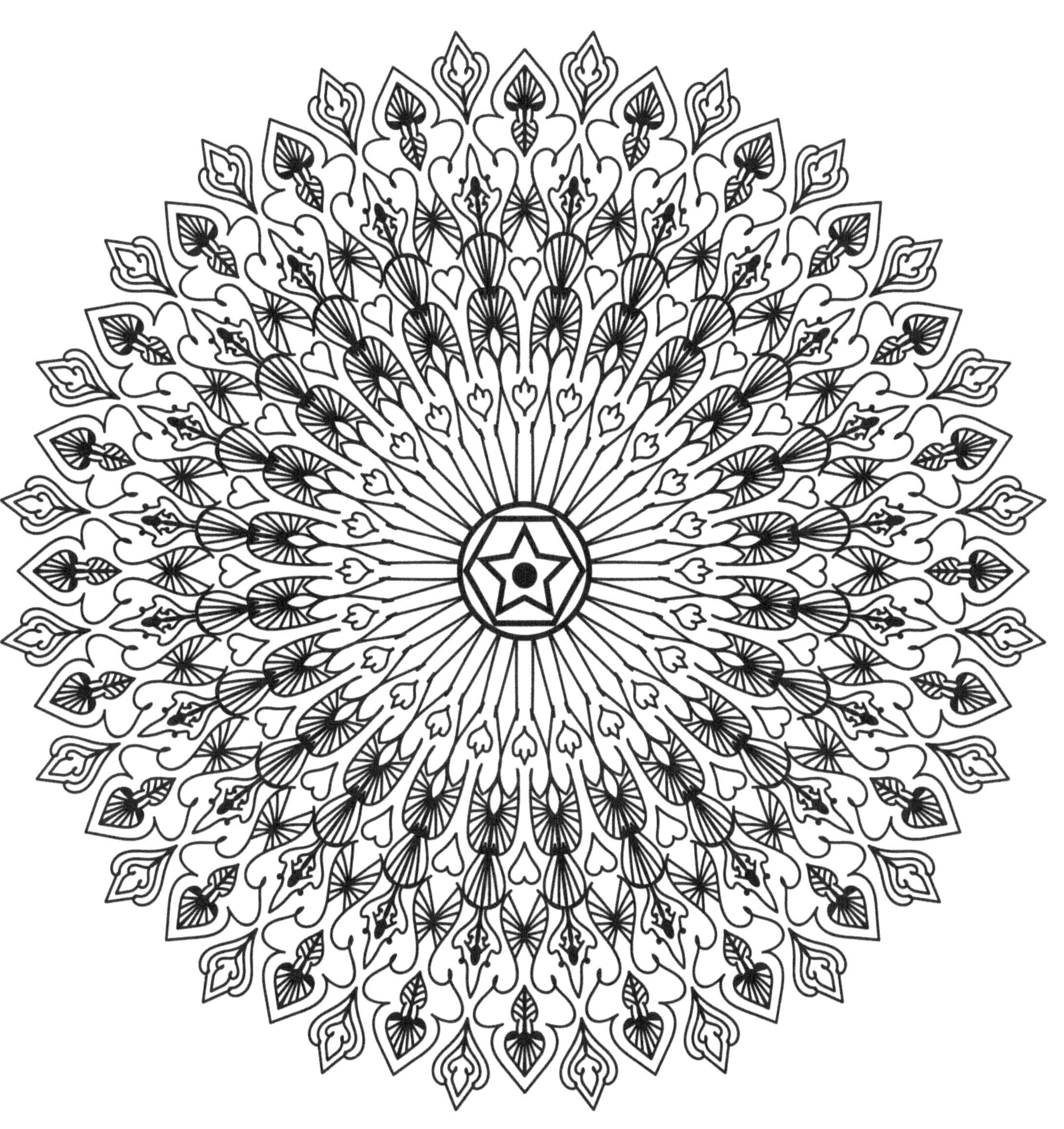

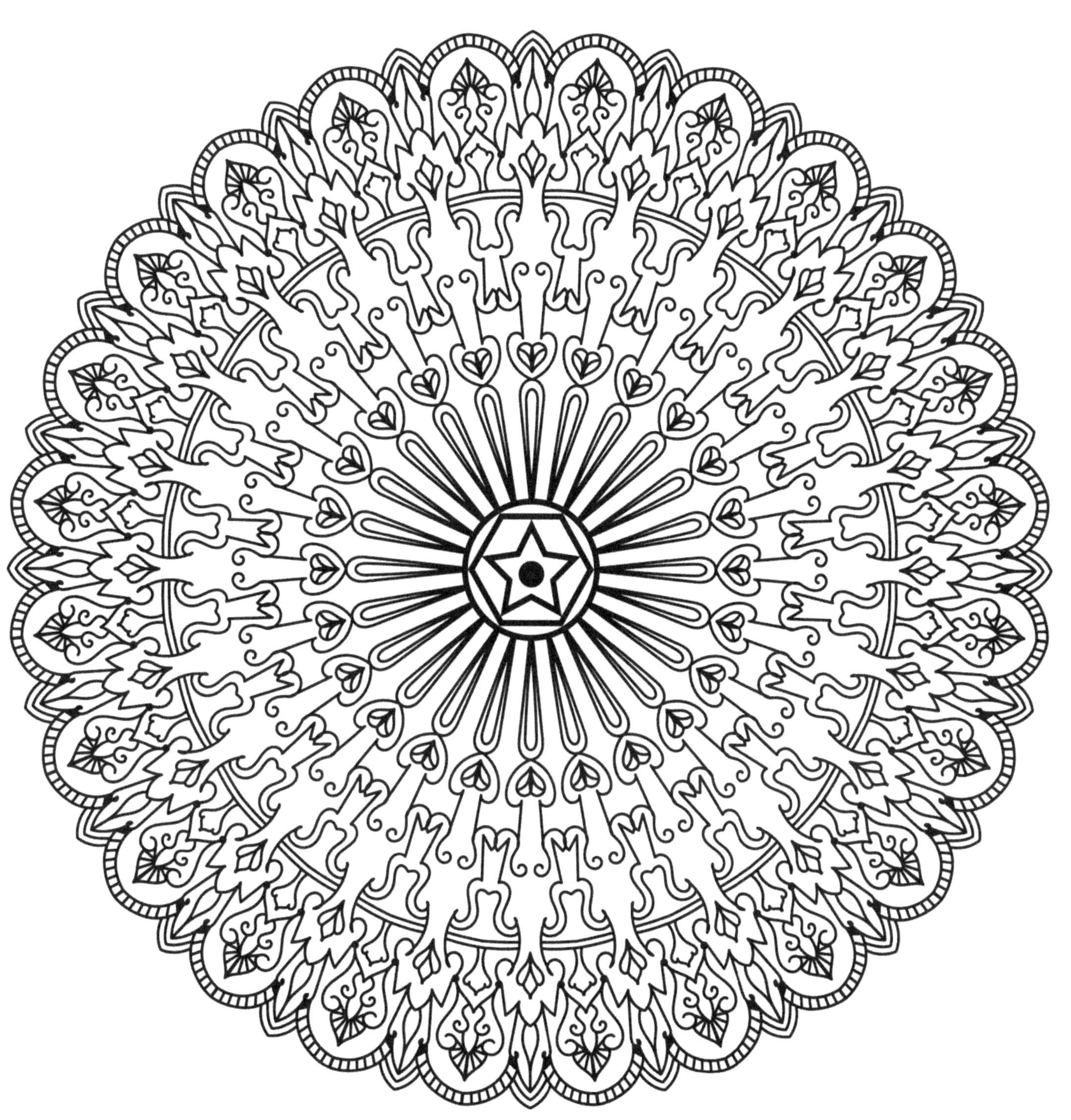

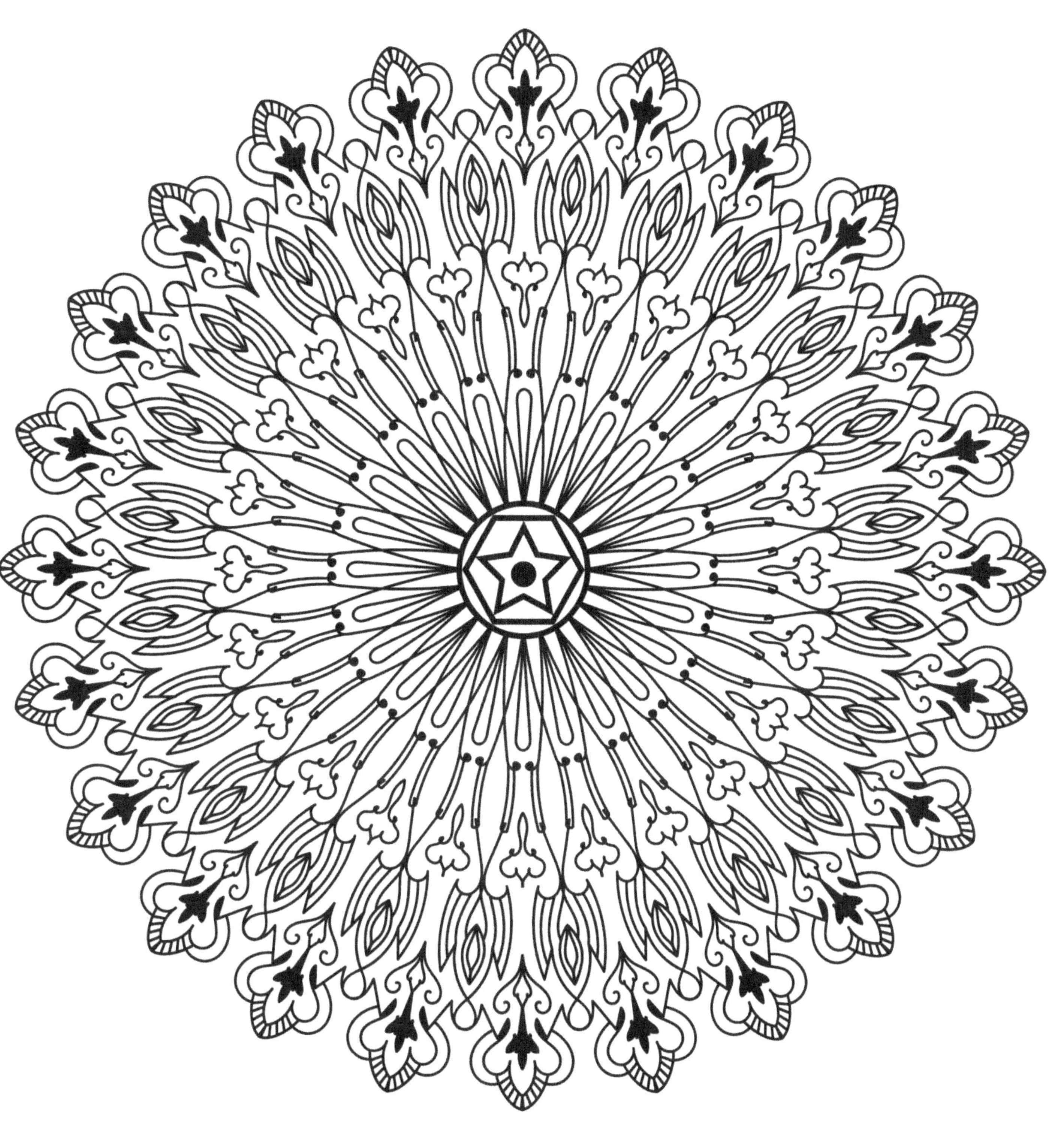

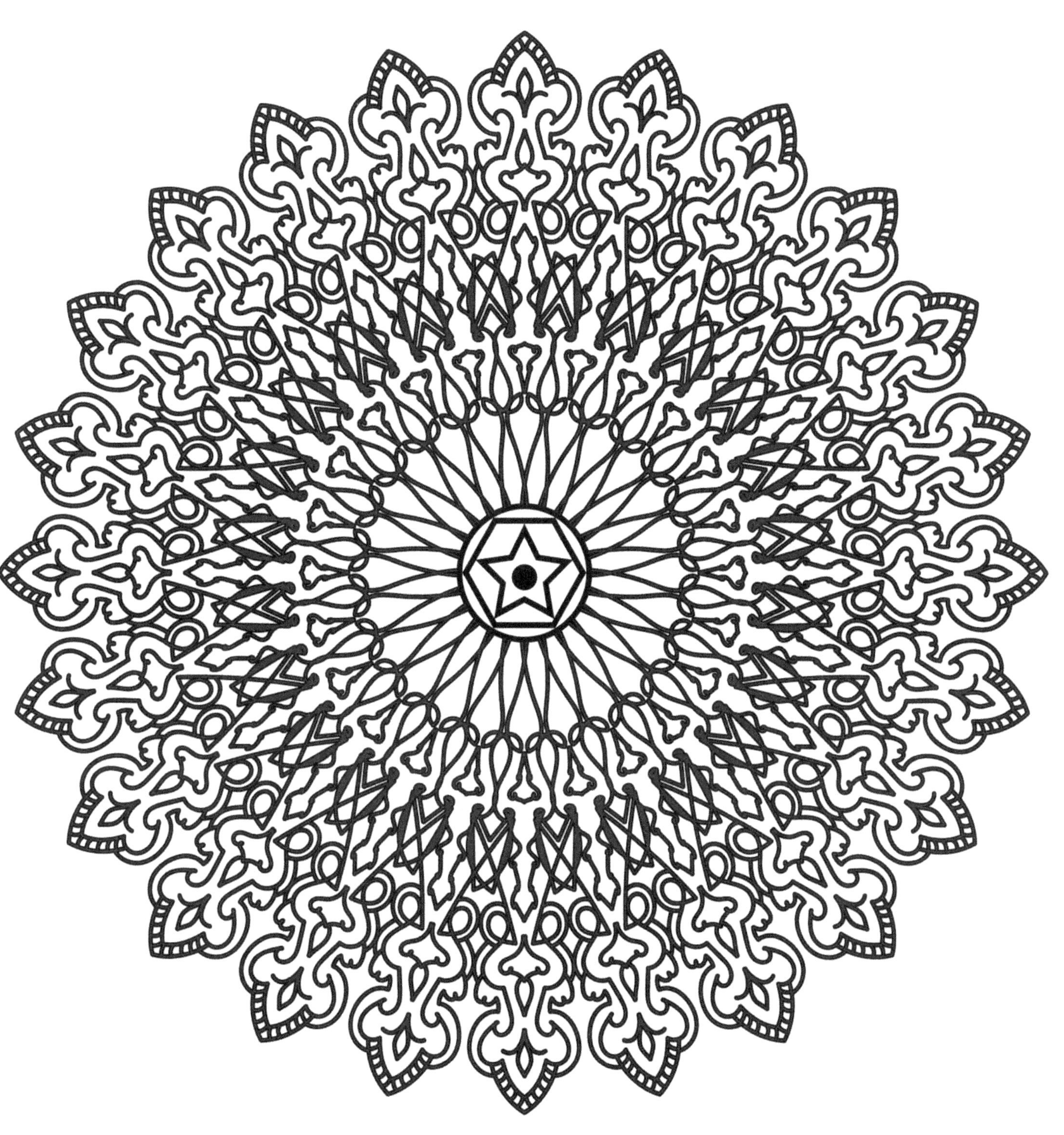

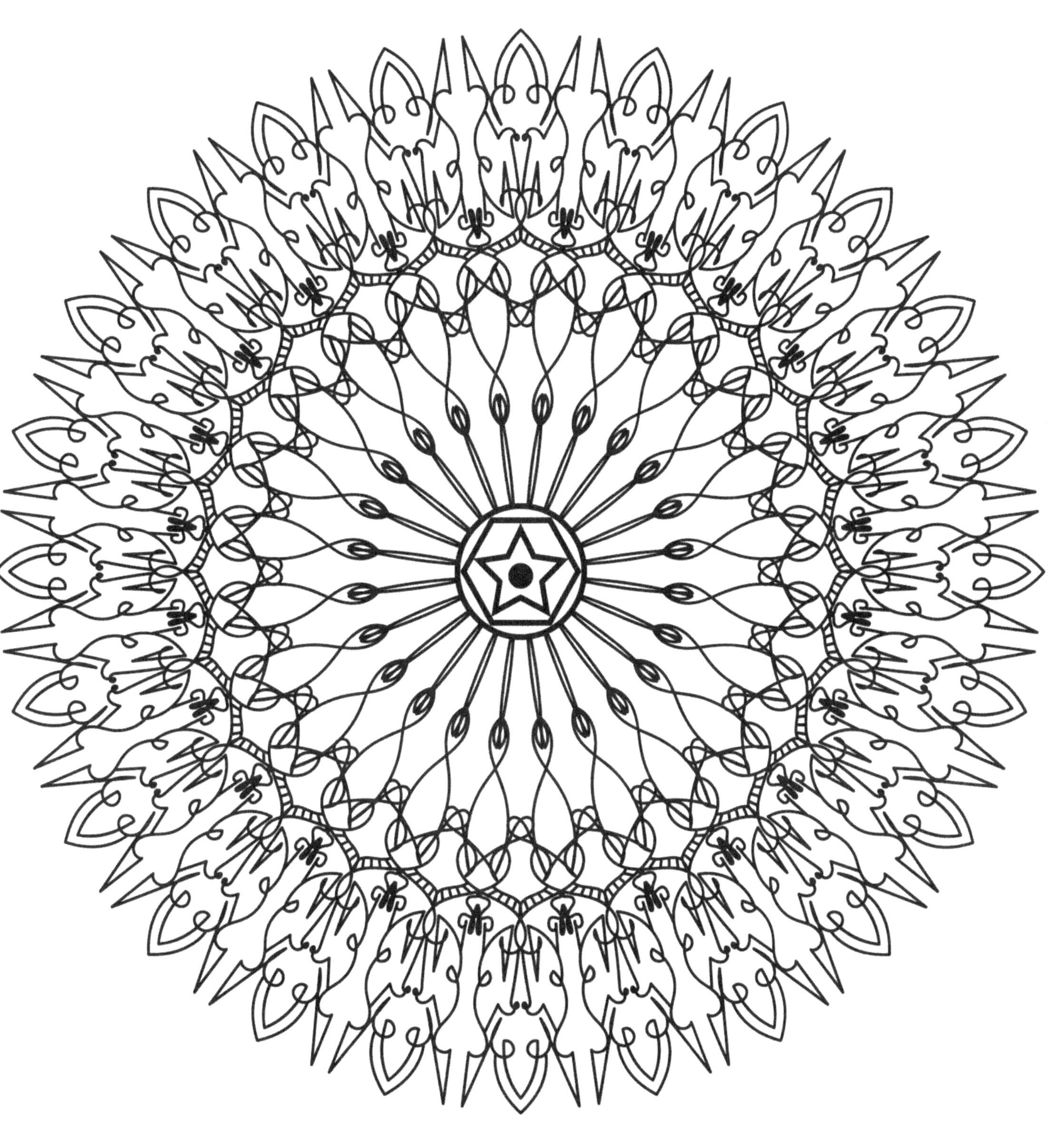

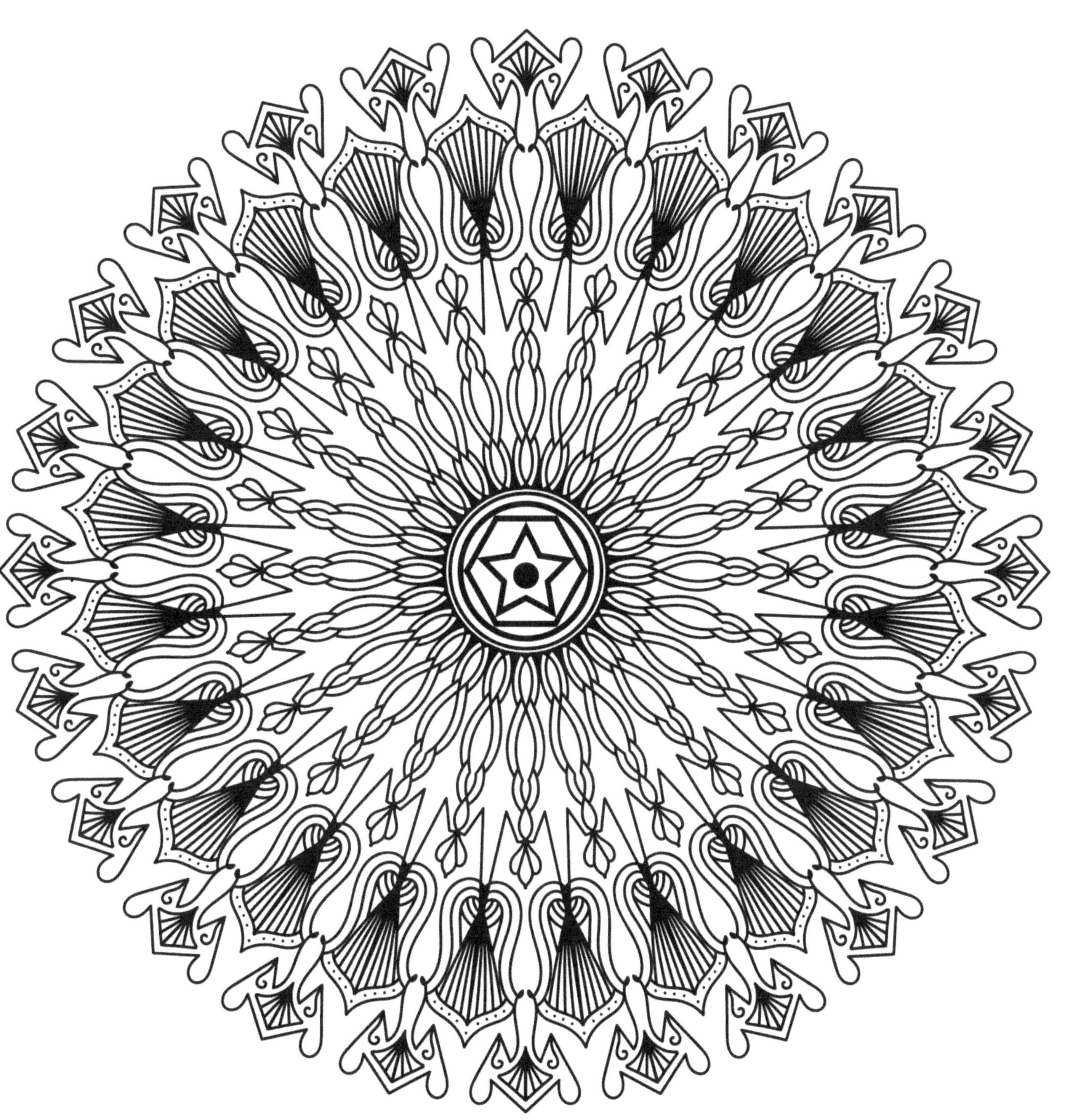

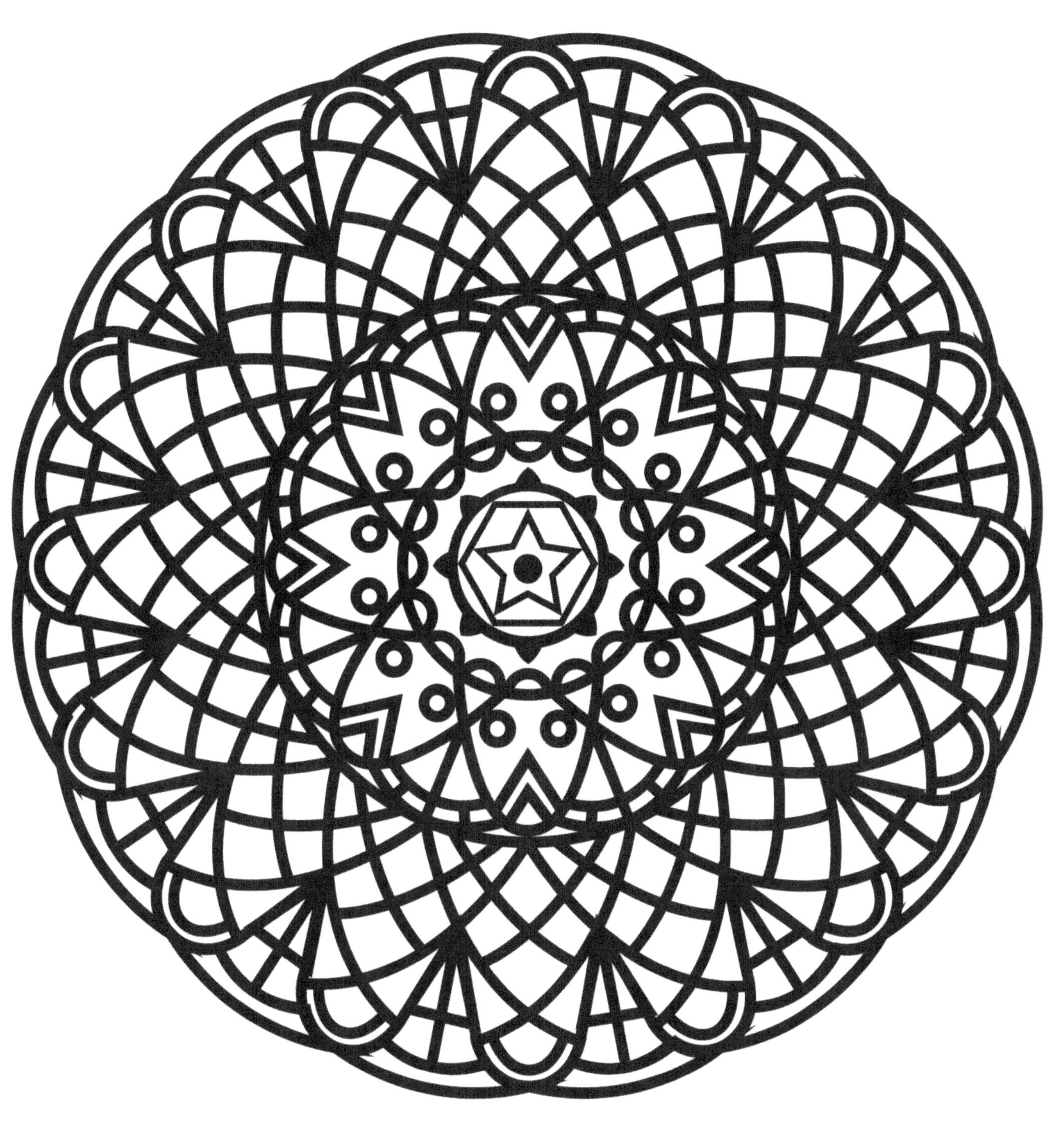

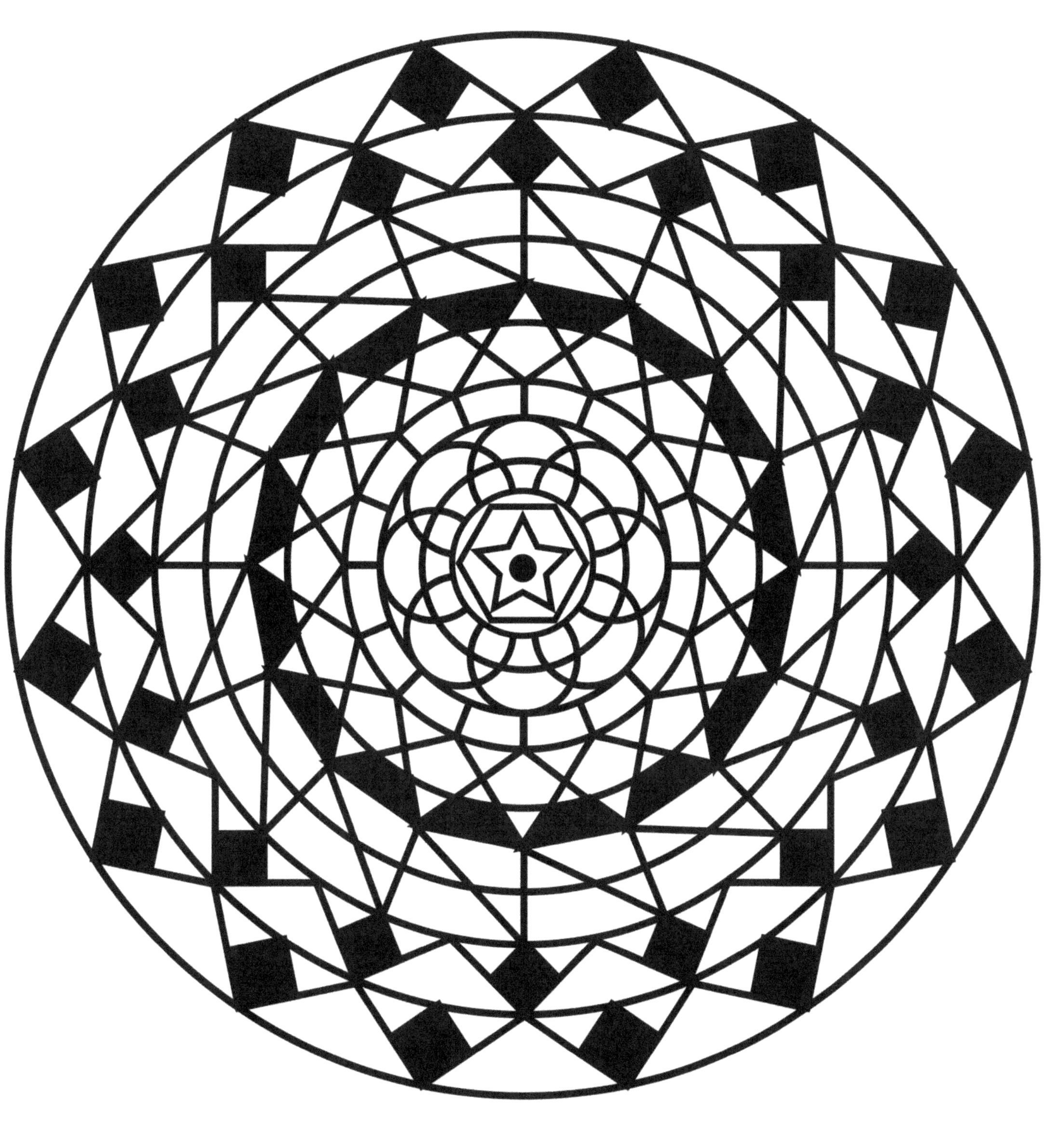

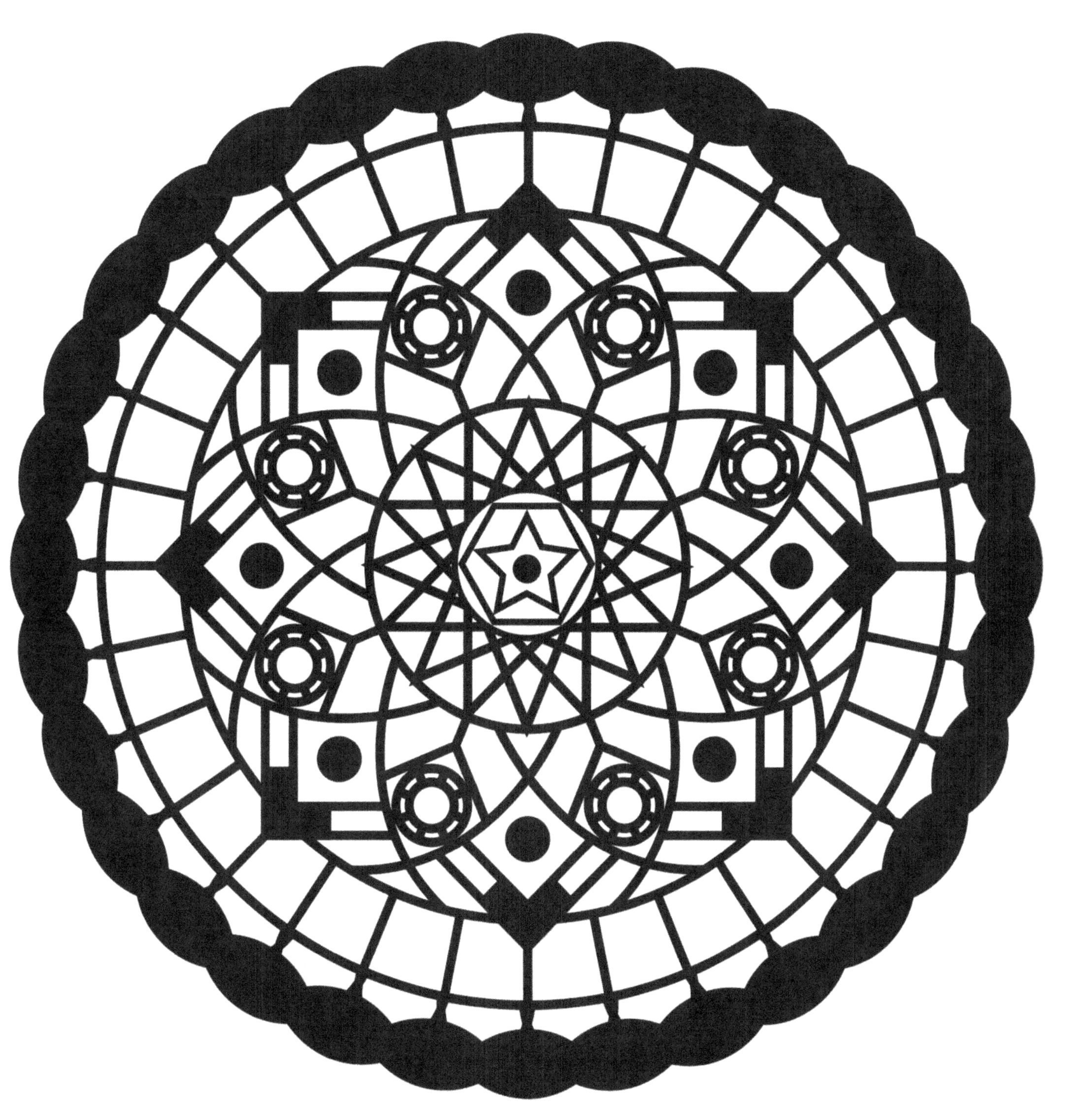

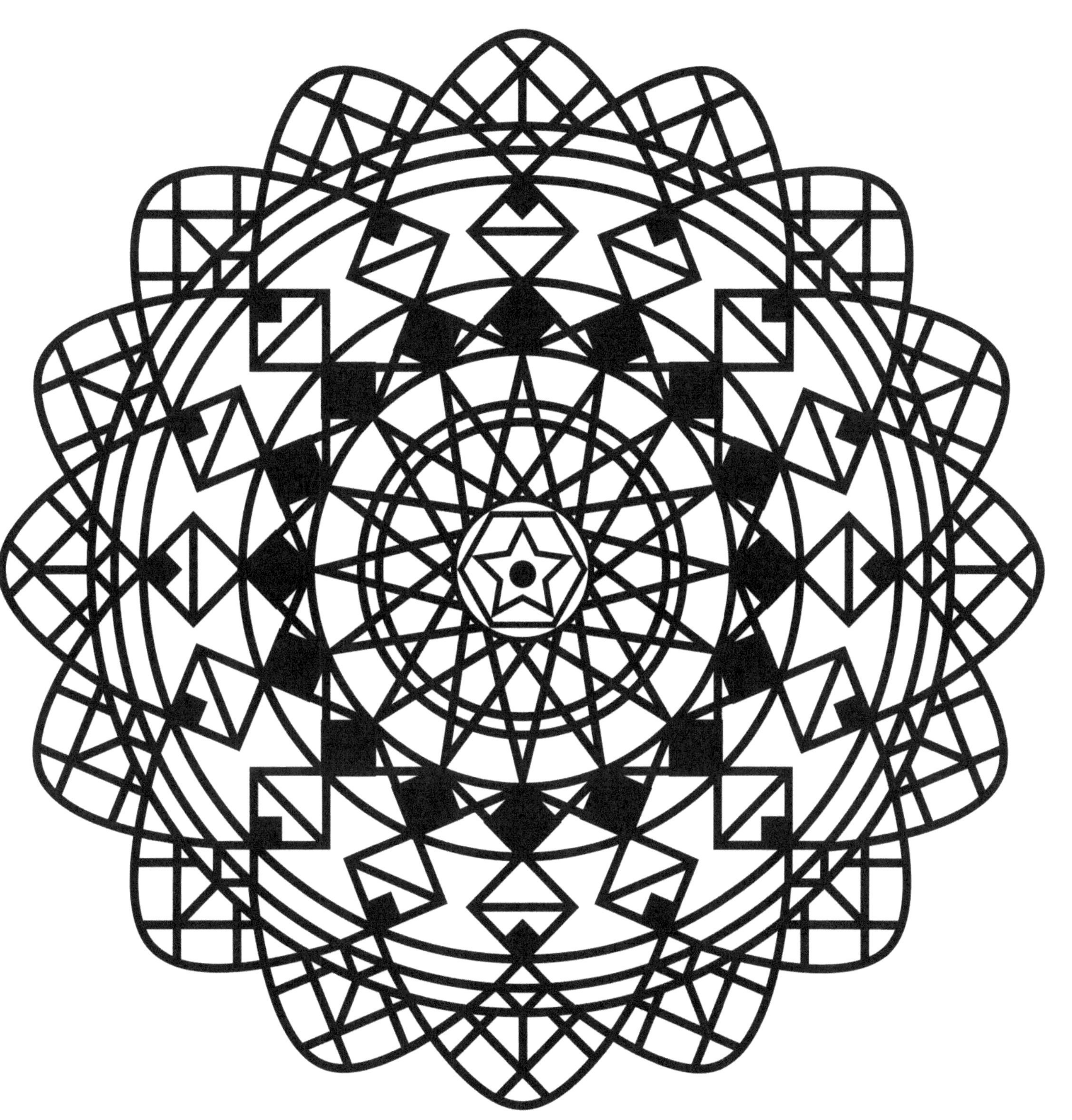

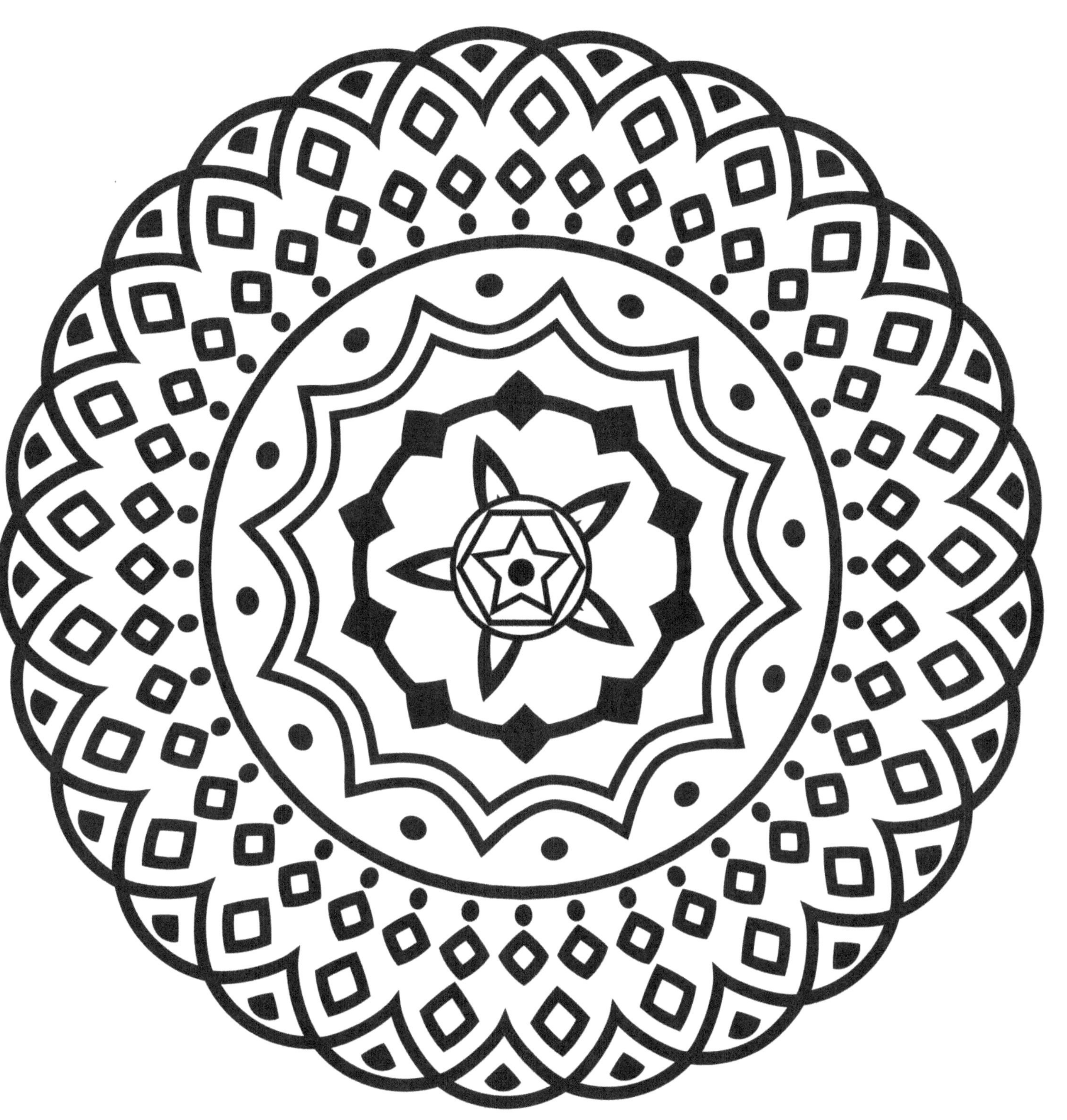

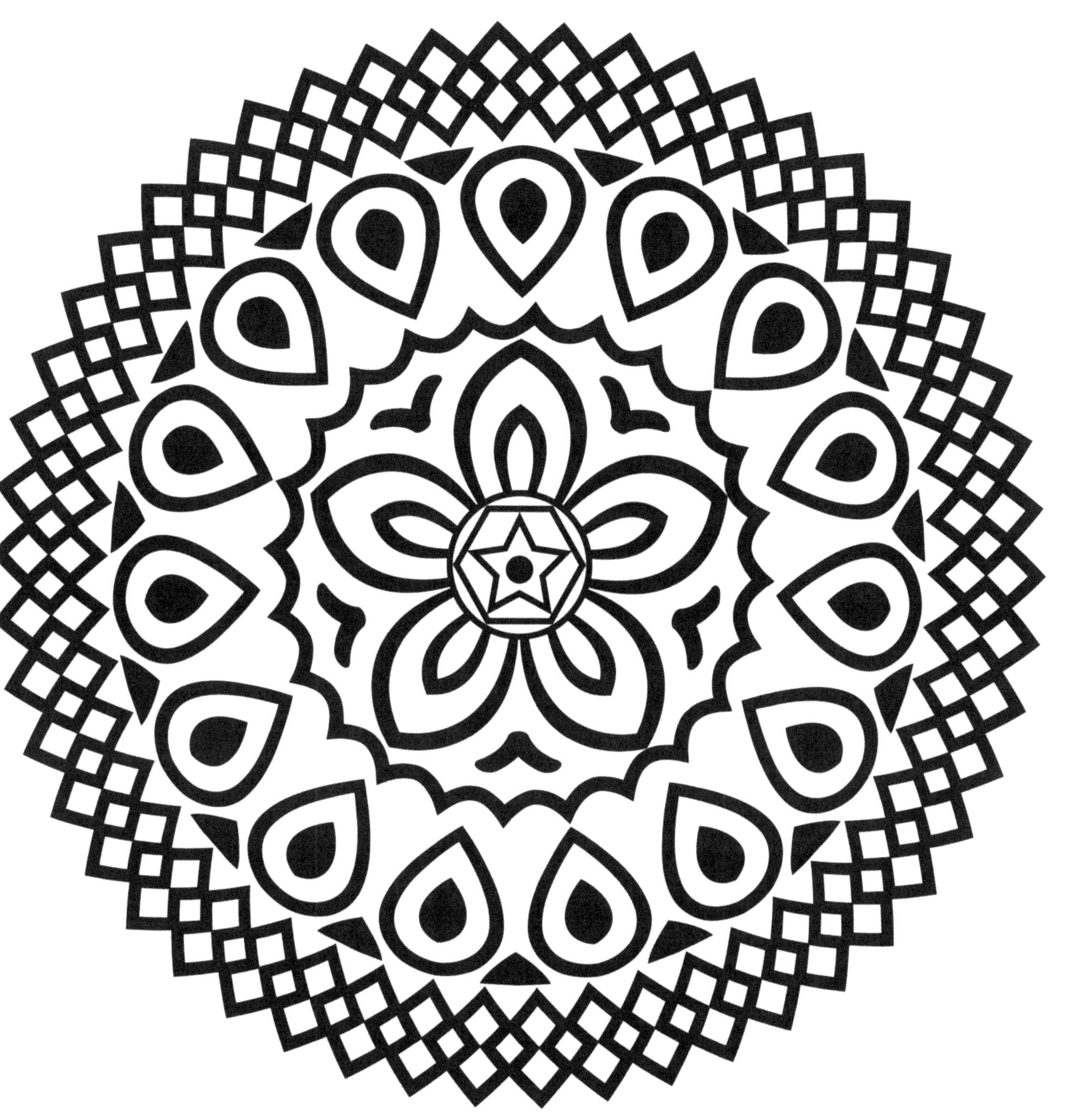

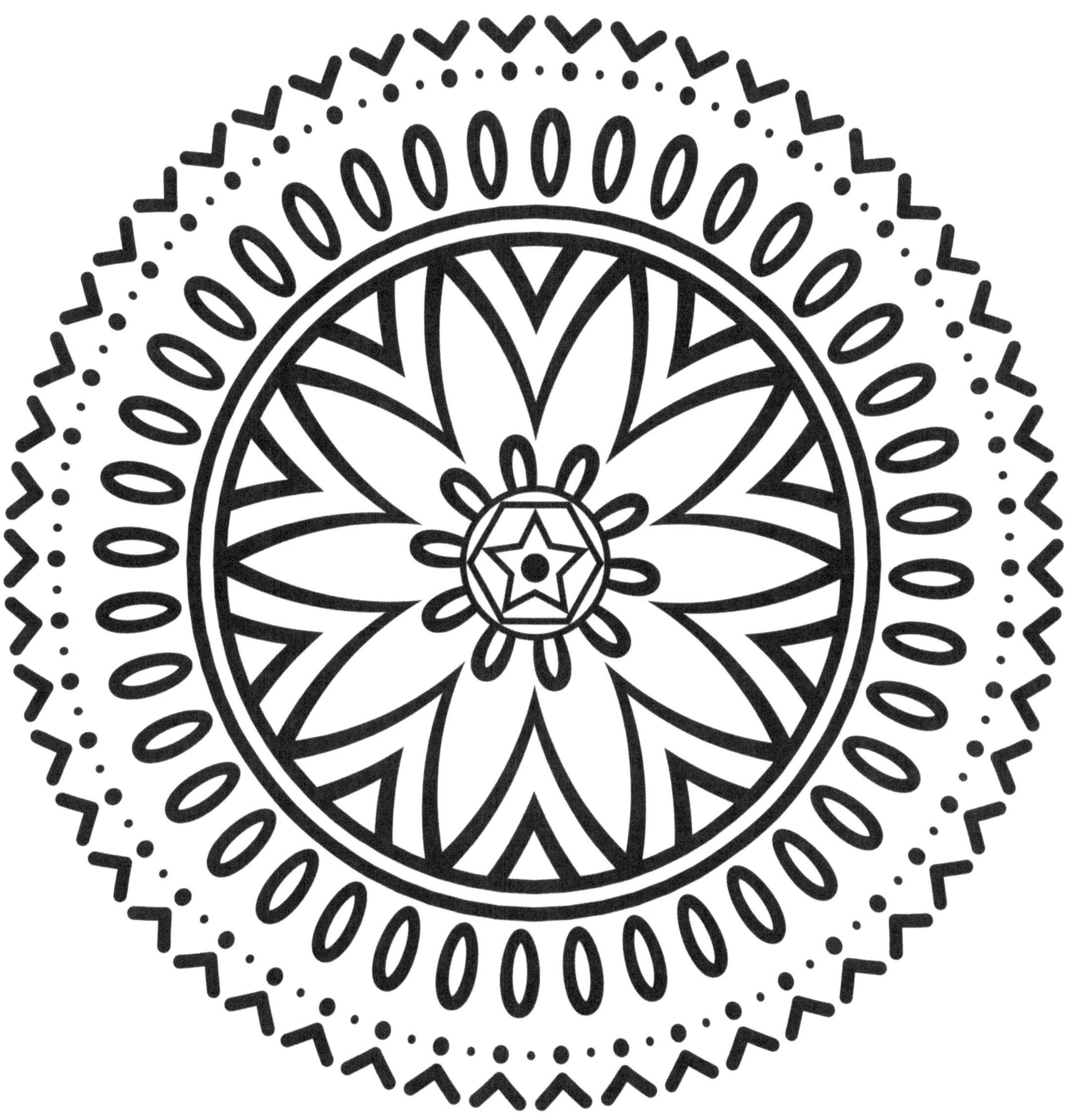

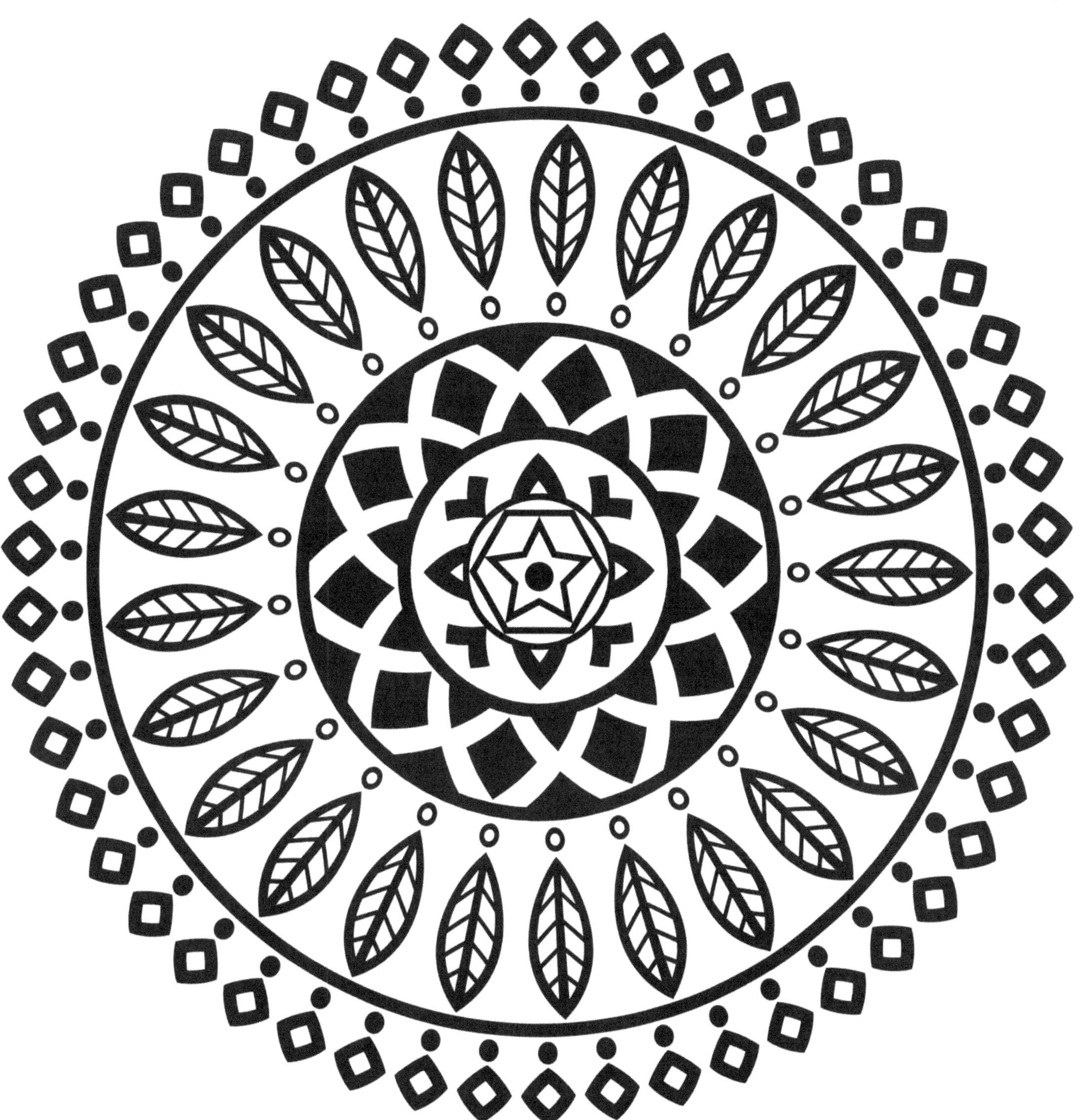

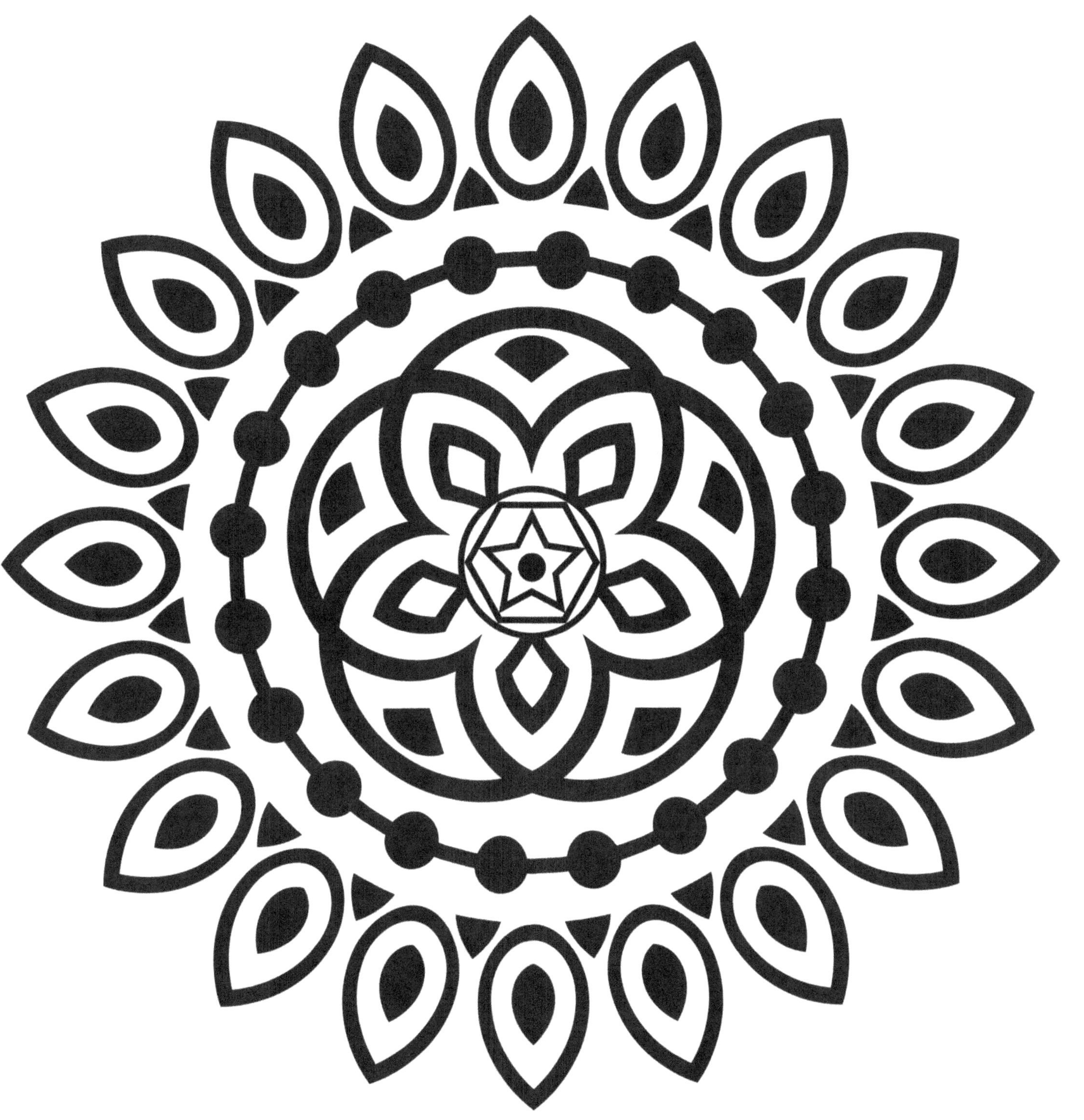

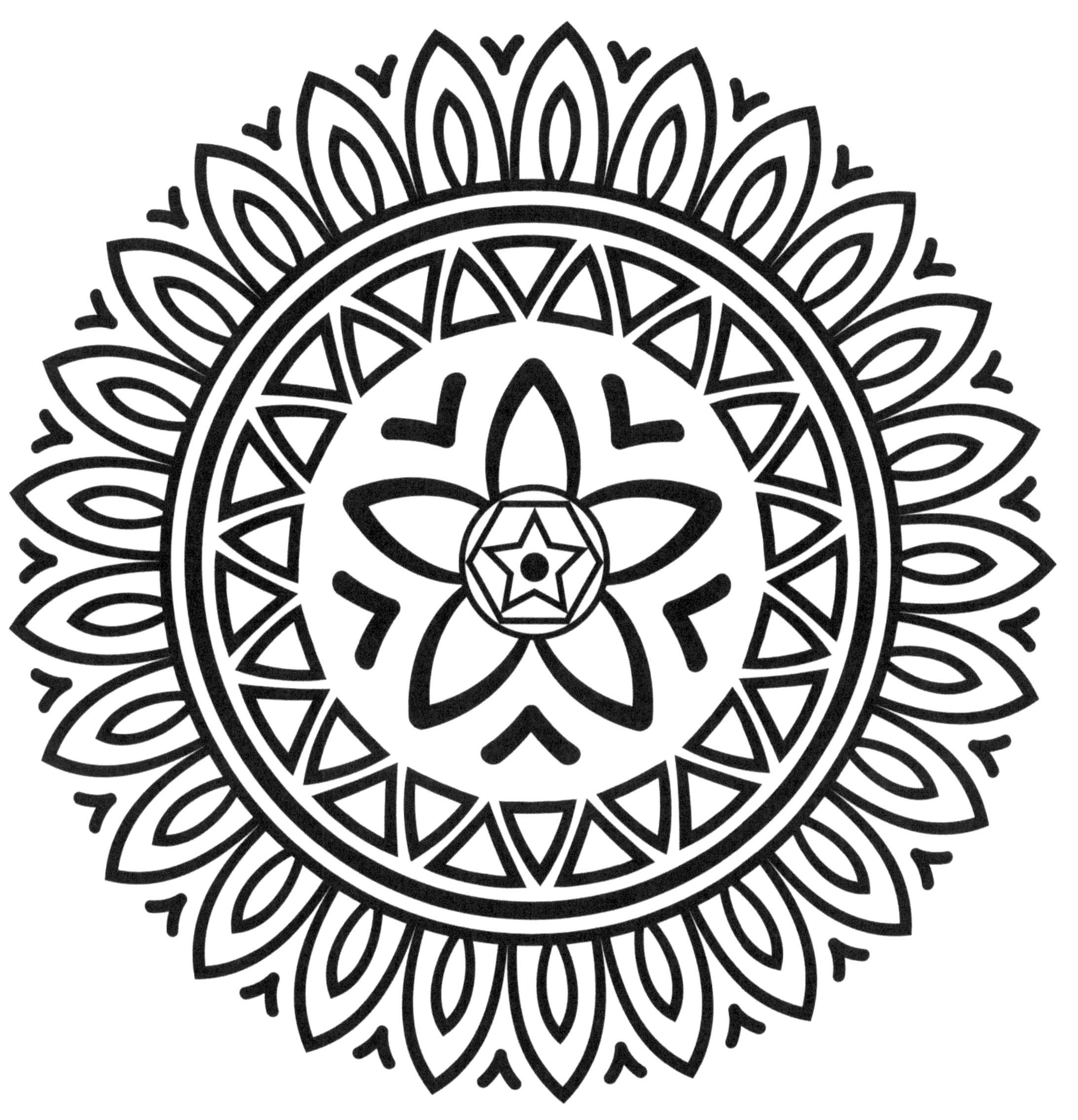

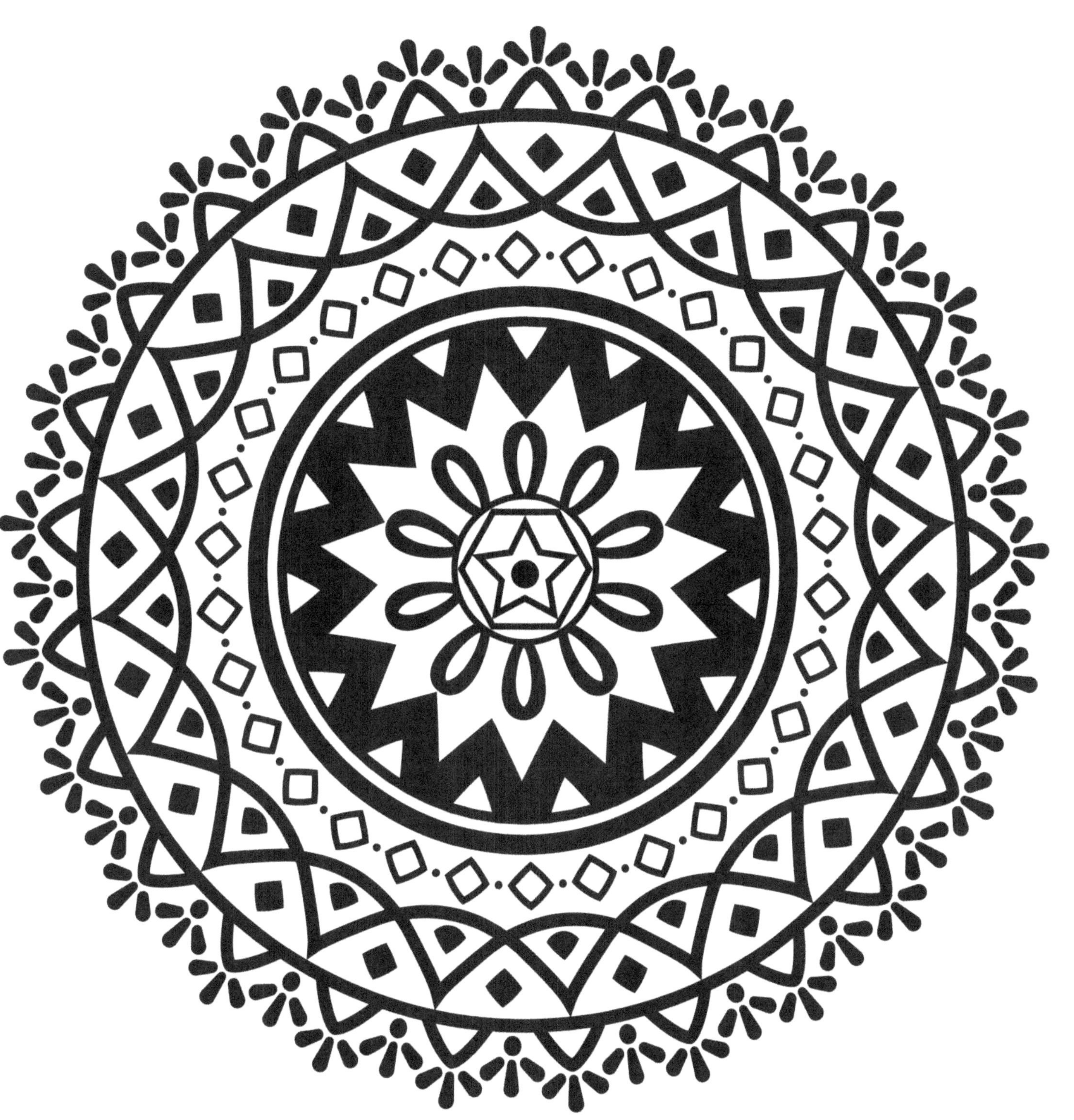

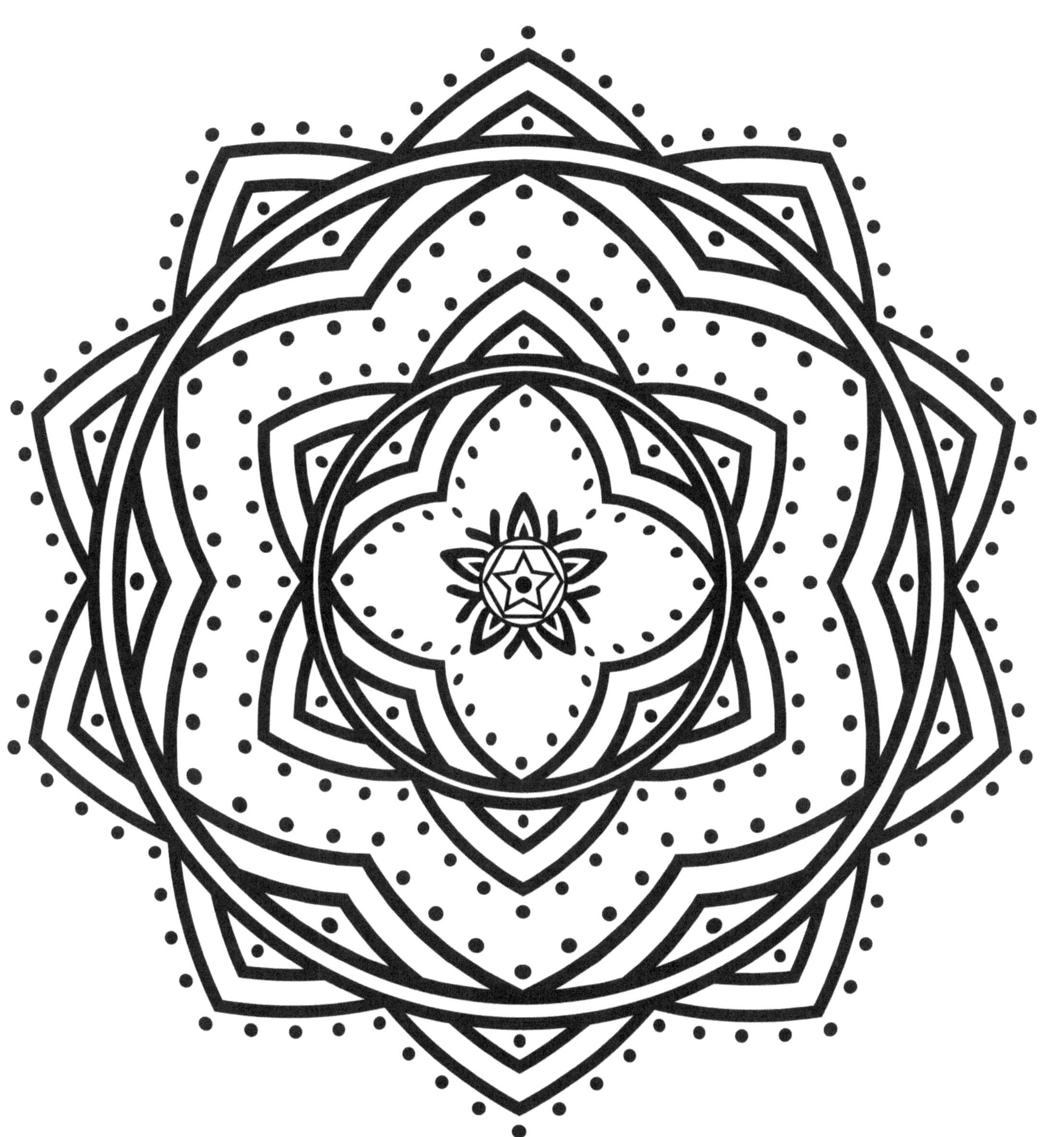

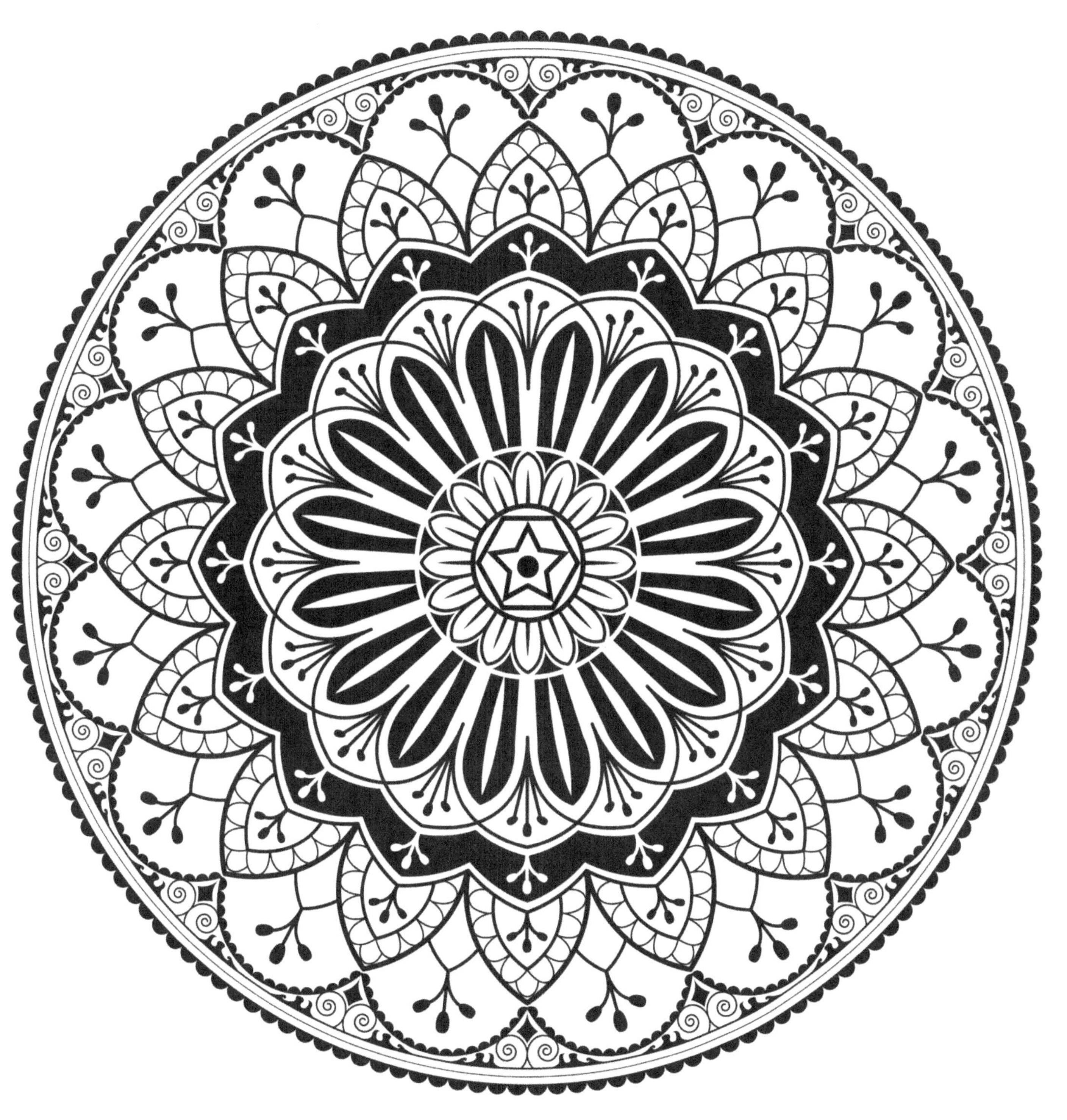

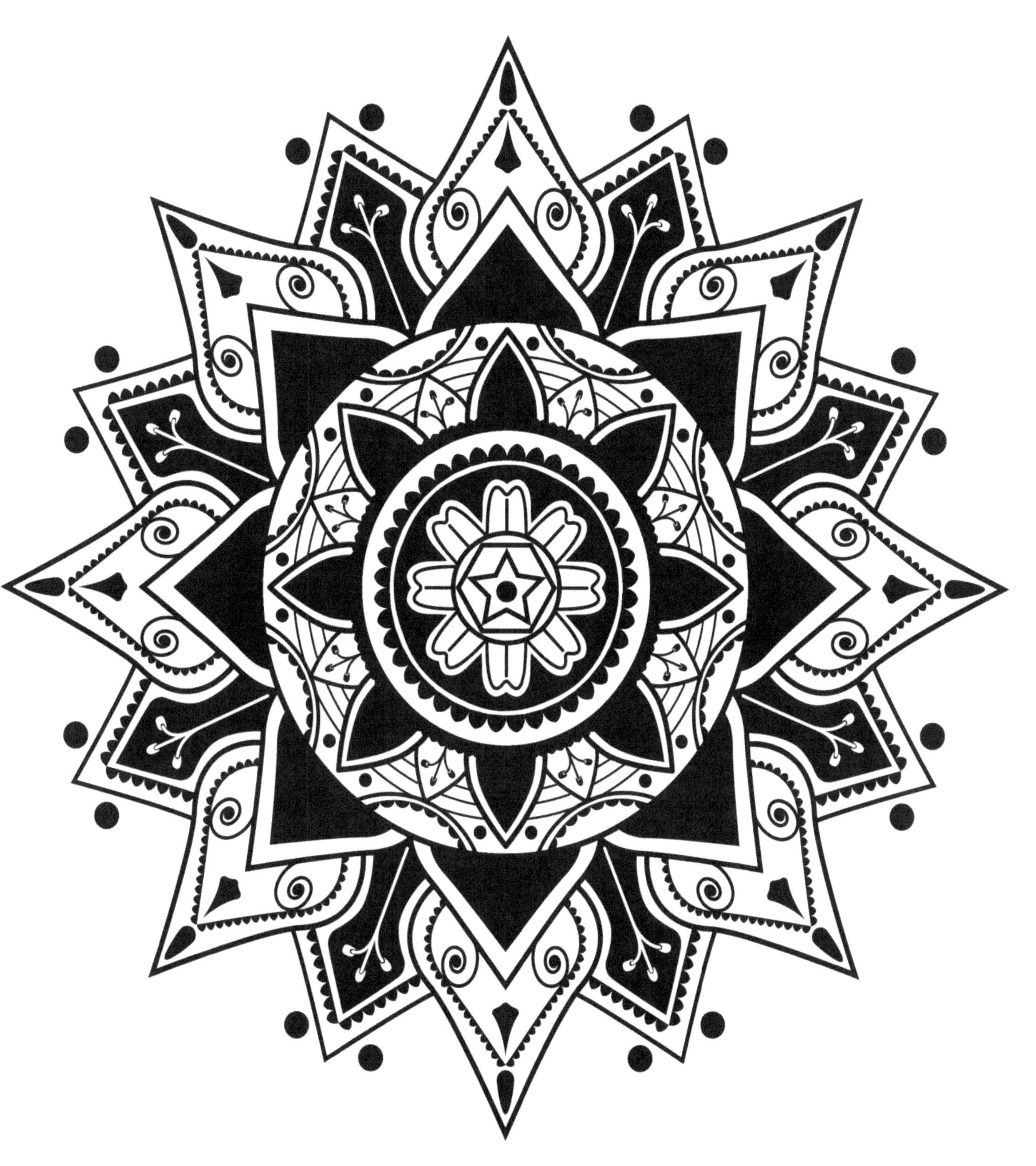

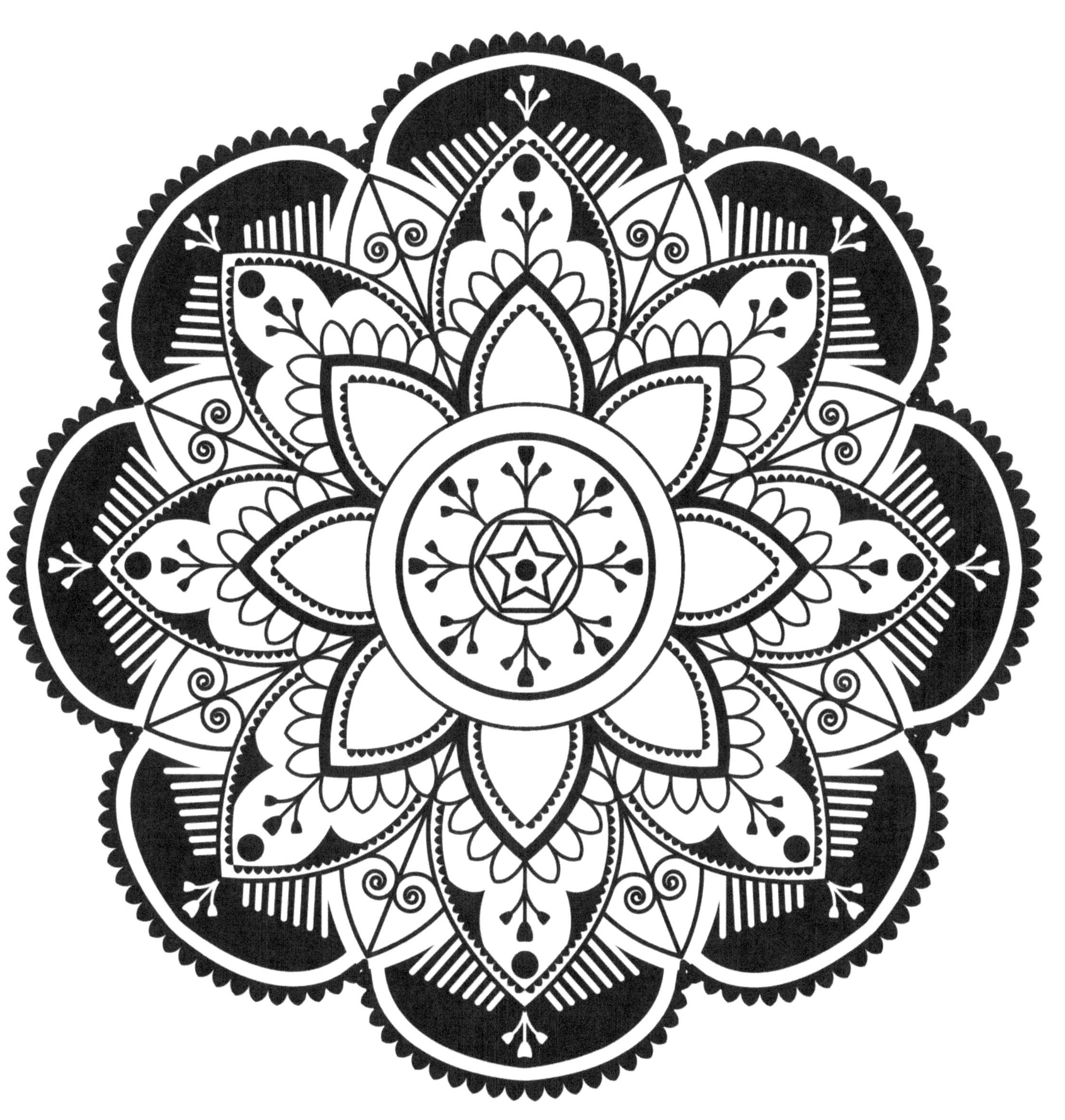

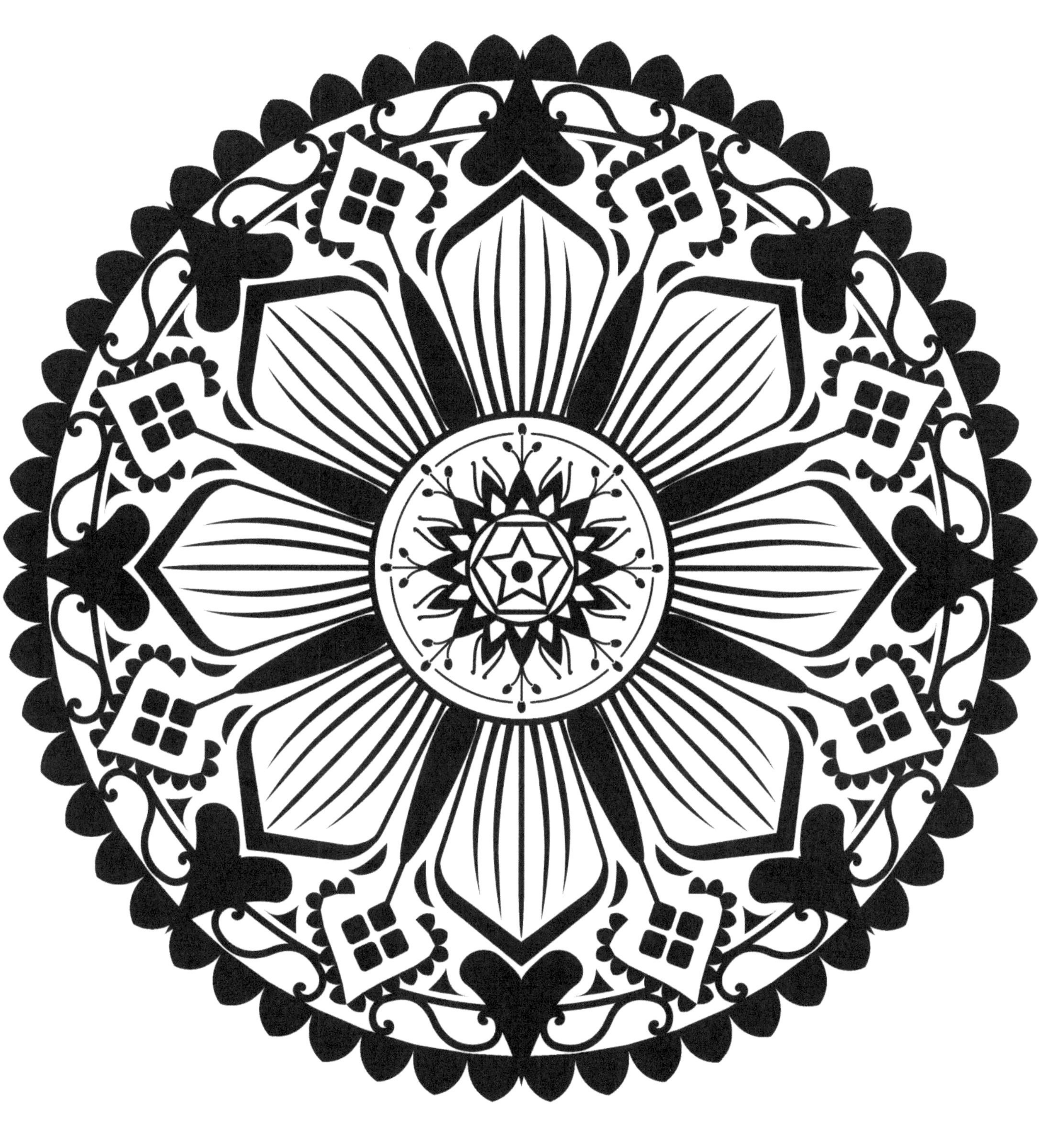

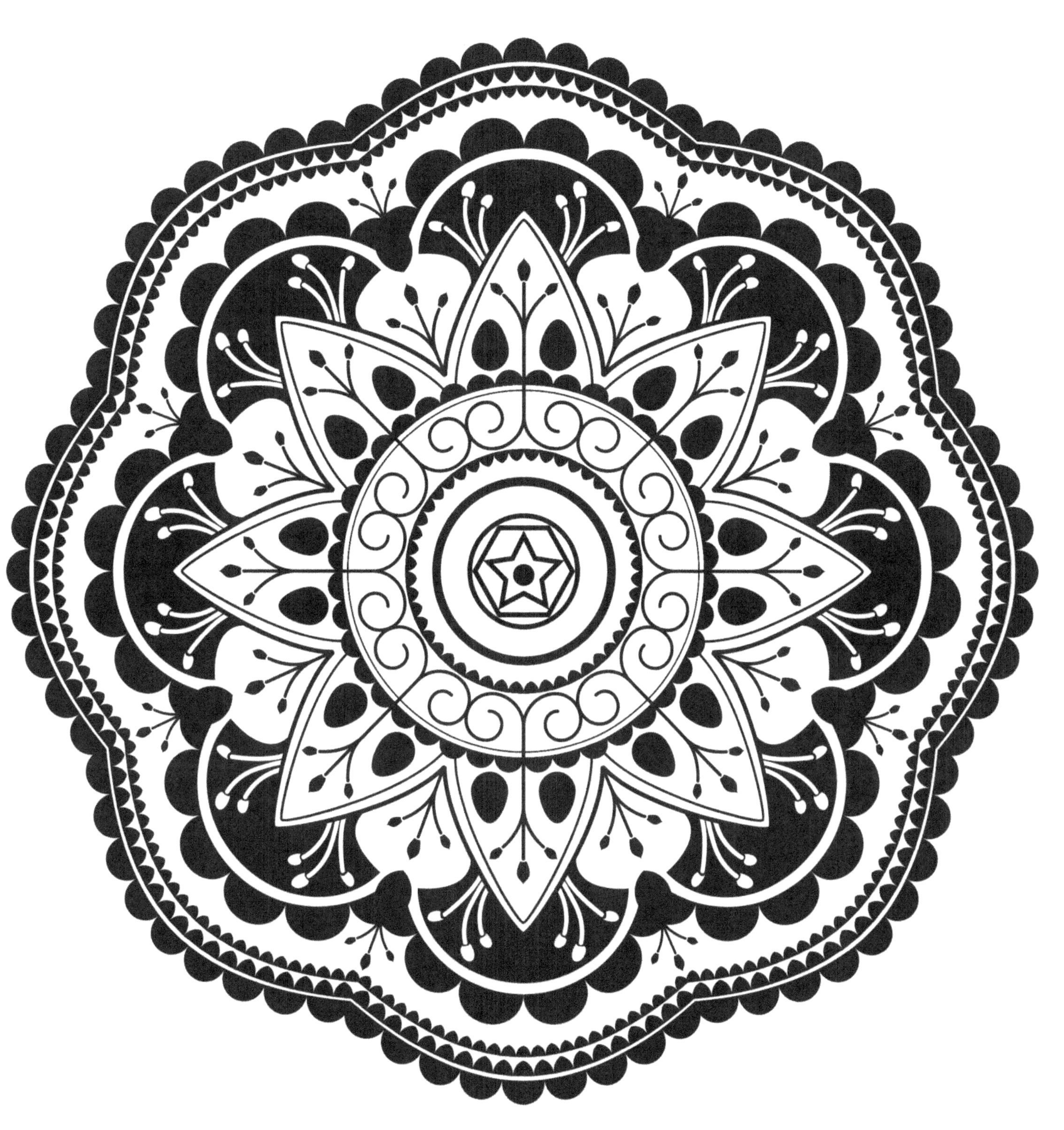

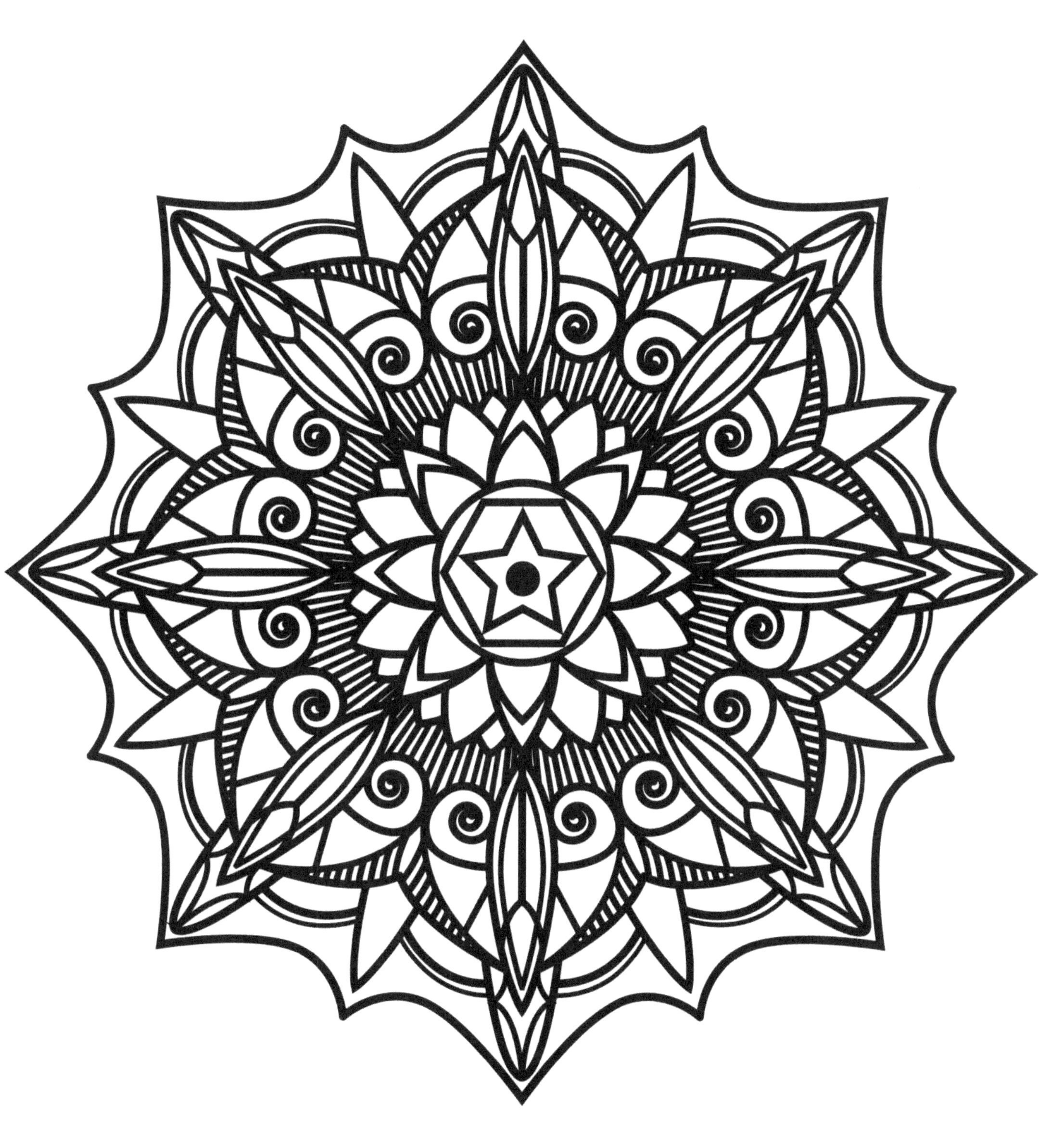

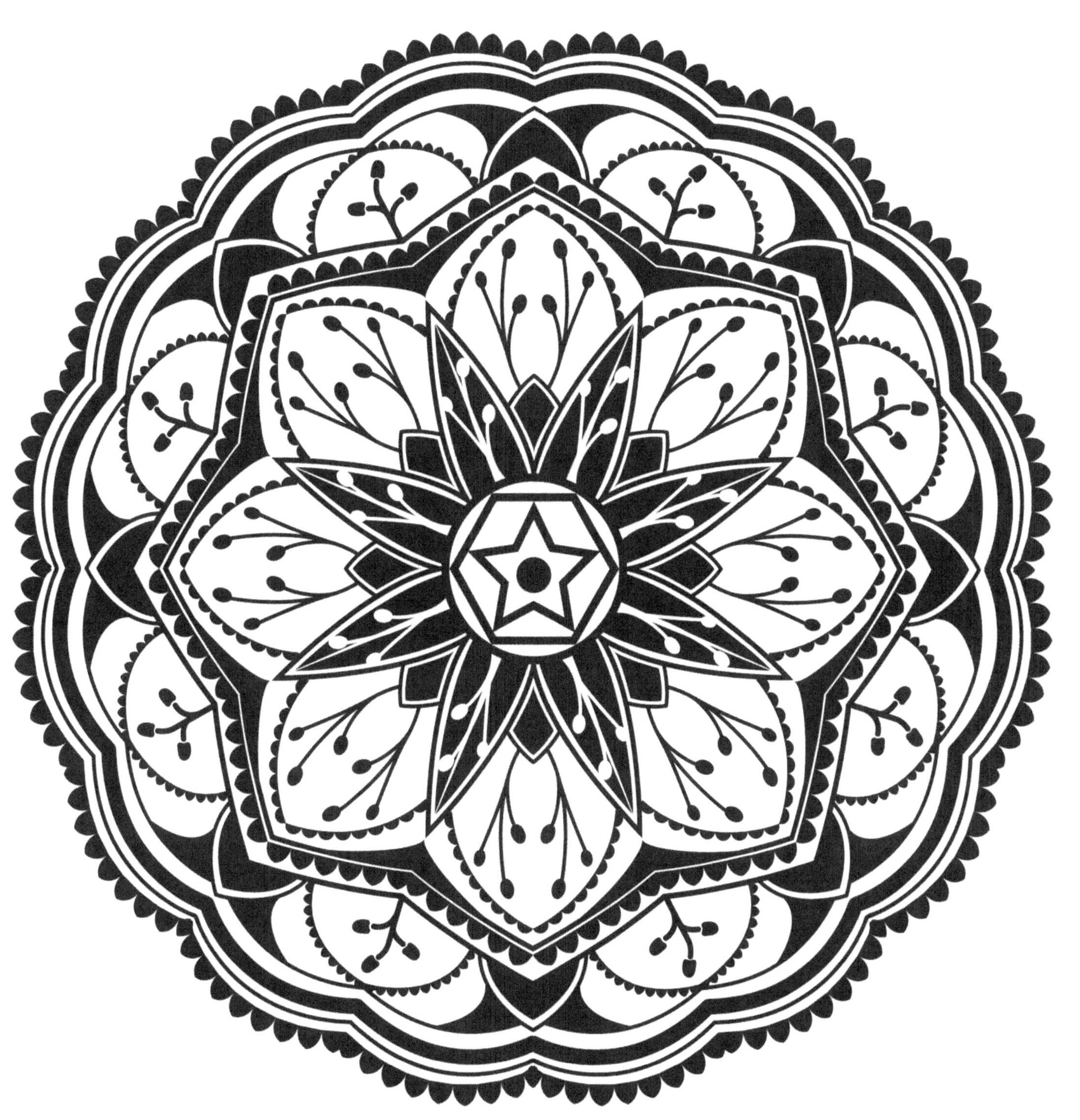

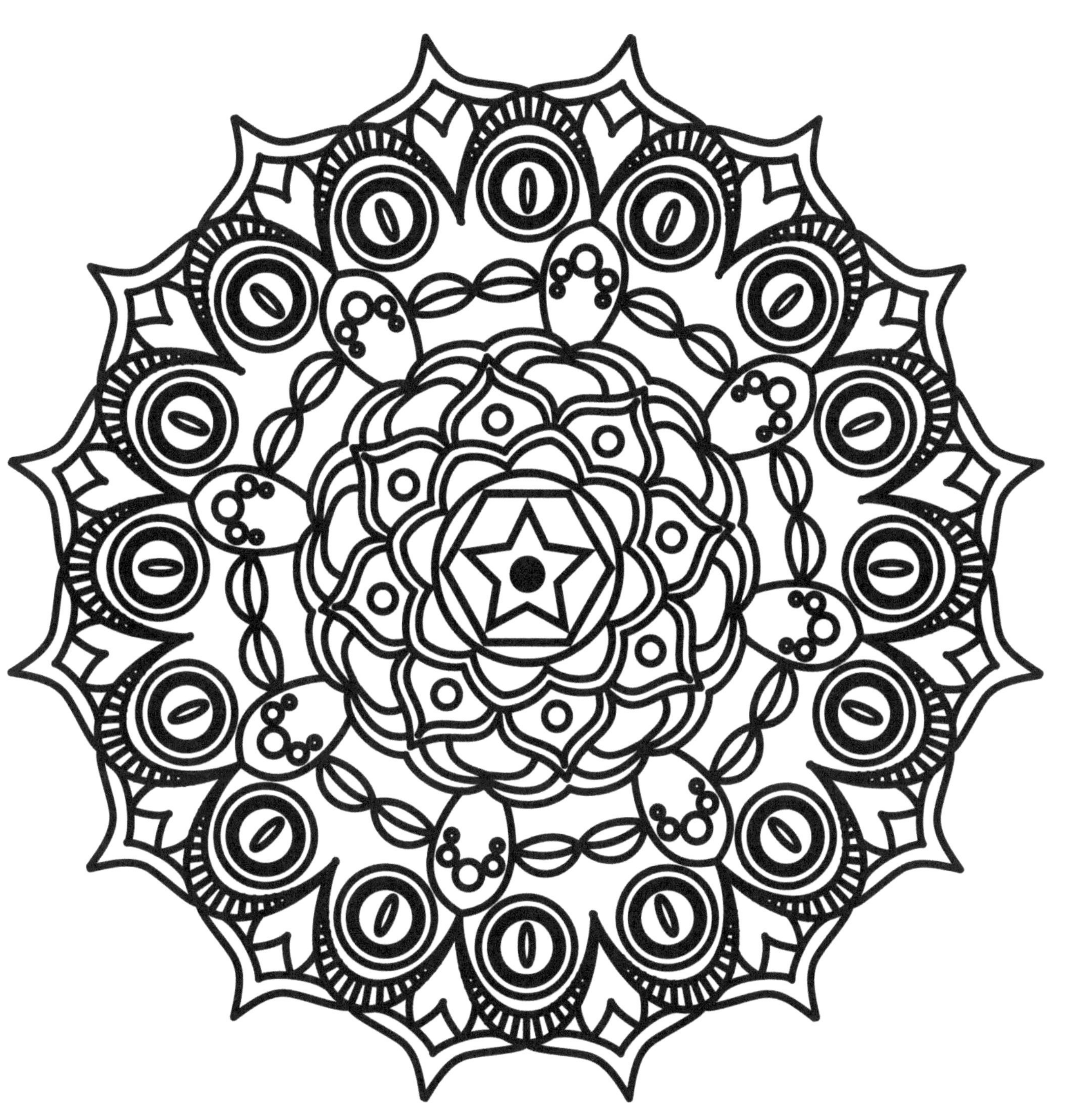

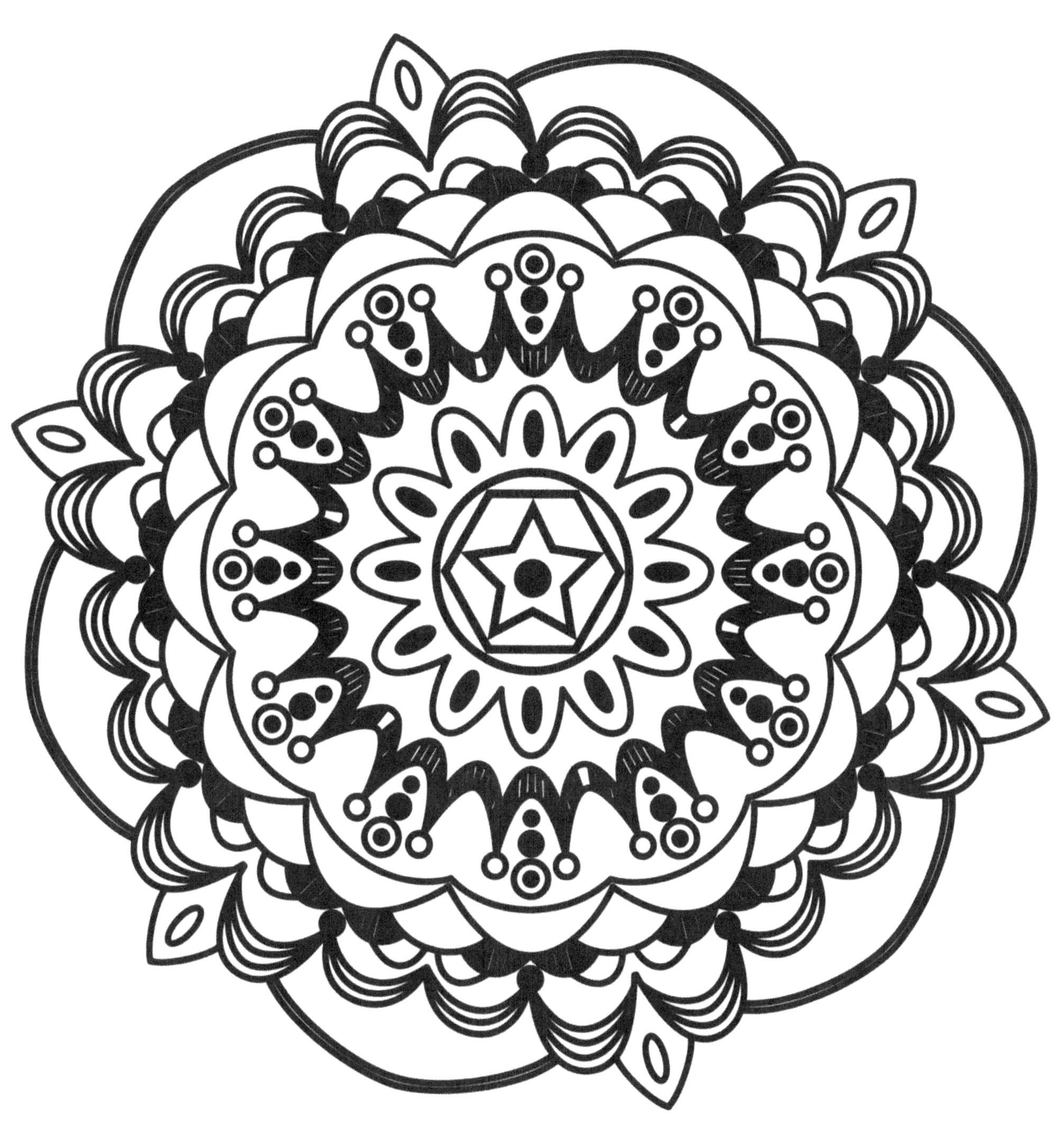

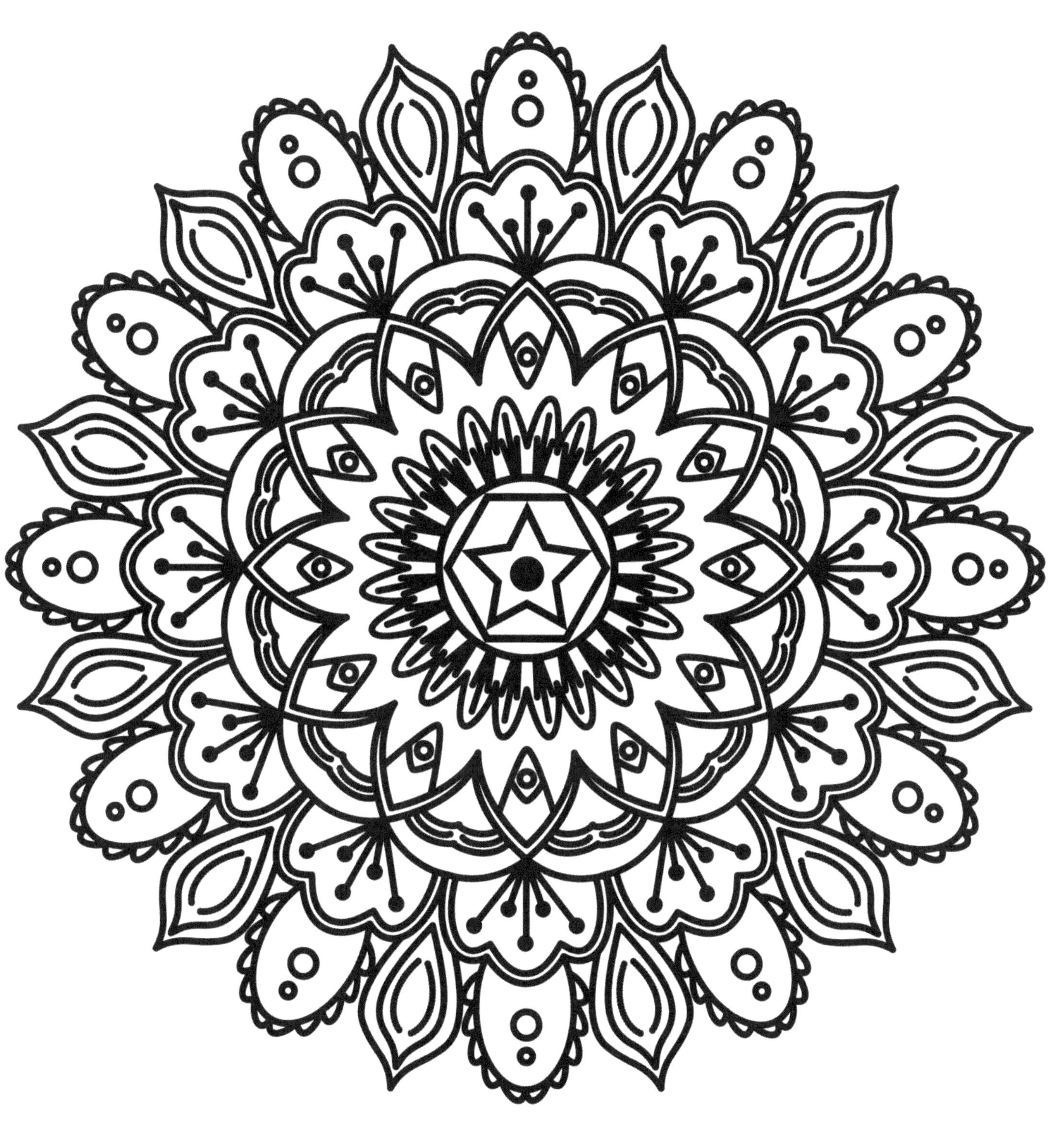

Color Test Page...

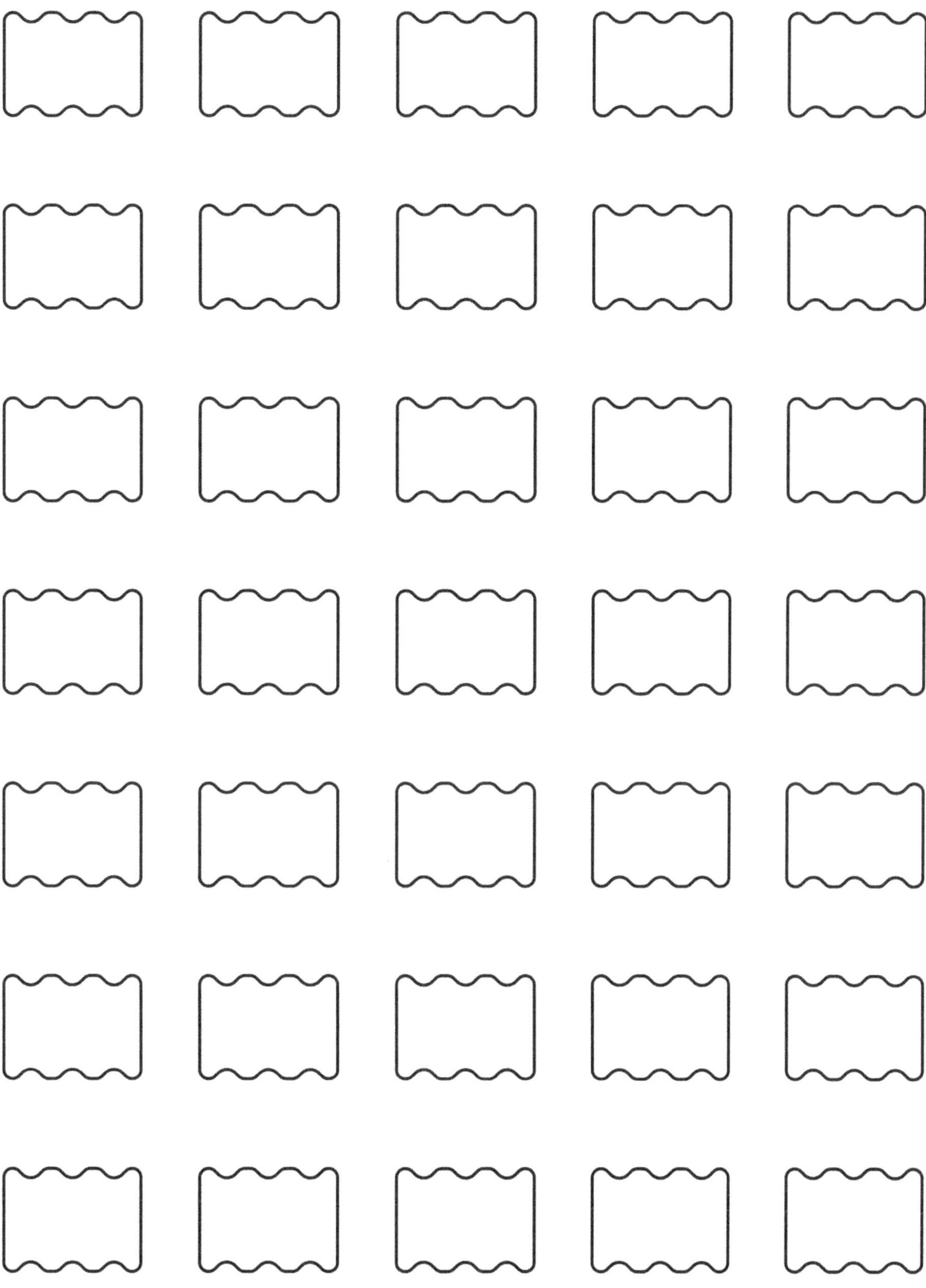

Color Test Page...

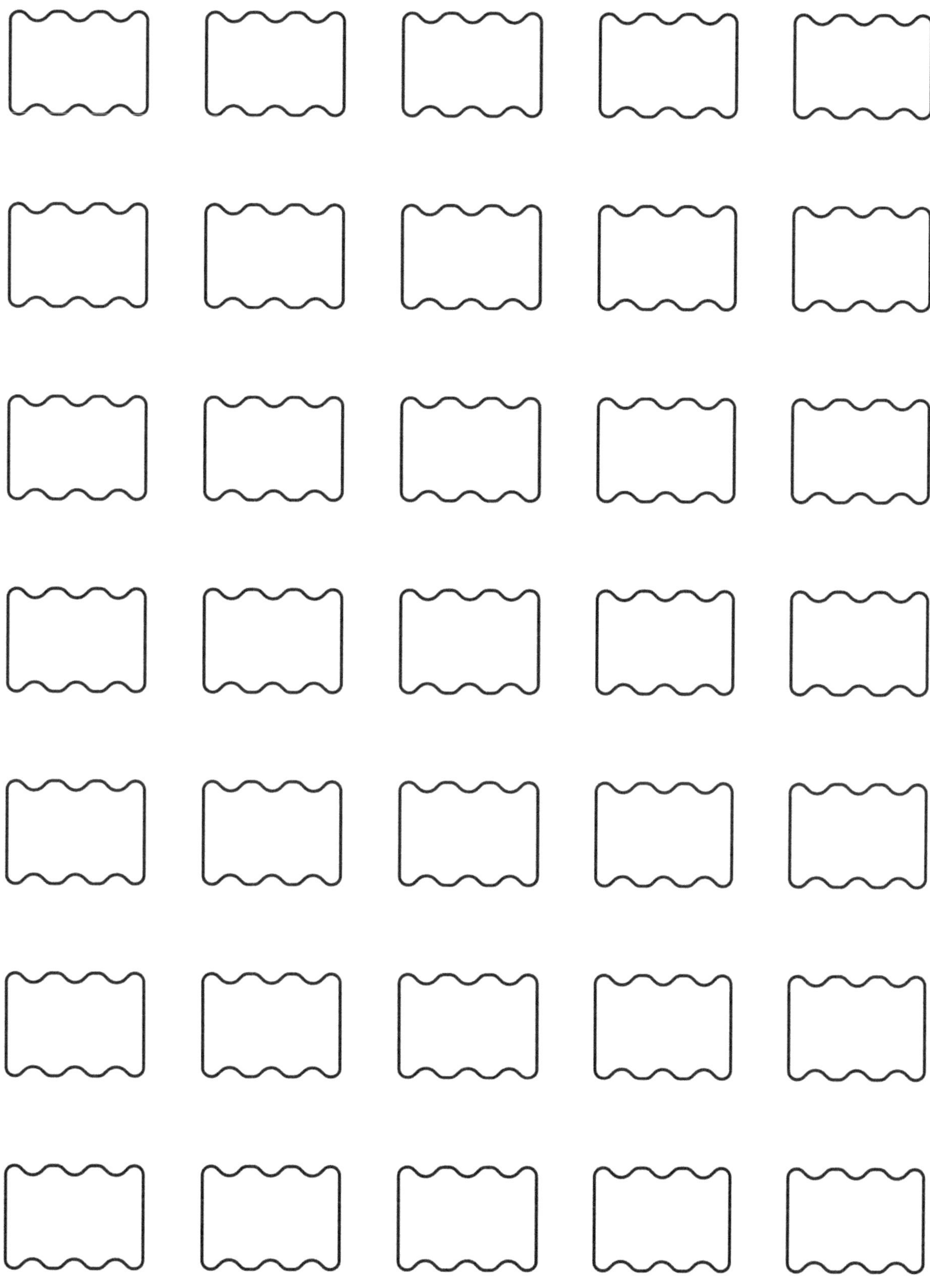